MAFIA CORSE

Du même auteur

L'État hors-la-loi. Renseignement, droit et sécurité, Pluriel, 2020.
La Guerre secrète des espions, Plon, 2020.
Les Parrains corses. La guerre continue, Plon, 2019.
L'État secret. La démocratie mise à mal, Fayard, 2018.
Démocraties sous contrôle.
La victoire posthume d'Oussama Ben Laden, CNRS Éditions, 2014.
La Guerre des parrains corses, Flammarion, 2013.
Ouvéa, la République et la morale, avec Philippe Legorjus, Plon, 2011.
Une juge à abattre, avec Isabelle Prévost-Desprez, Fayard, 2010.
Bérégovoy, le dernier secret, Fayard, 2008.
Les Parrains corses. Leur histoire, leurs réseaux, leurs protections, avec Vincent Nouzille, Paris, 2004.
Corse : l'État bafoué, Stock, 1999.

Jacques Follorou

MAFIA CORSE

Une île sous influence

Robert Laffont

ISBN : 978-2-221-25425-7
Dépôt légal : juin 2022
Éditions Robert Laffont – 92, avenue de France 75013 Paris

À Jean-Louis et Danielle

Prologue

La Corse semble s'enfoncer inexorablement sous le poids du pouvoir mafieux, mortifère et prédateur. Sur le continent, c'est l'indifférence générale. Sur l'île, le fatalisme cohabite avec une crainte justifiée. Les premiers piliers du crime organisé sont aujourd'hui morts mais le système n'a pas disparu pour autant. Son emprise paraît même avoir progressé. Ses acteurs sont plus nombreux, plus disséminés, et le voyou s'est aujourd'hui largement imposé comme une figure positive et dominante aux yeux des jeunes générations insulaires.

L'aveuglement de l'État, seulement soucieux de lutter contre les atteintes aux symboles de son autorité perpétrées par les indépendantistes, a laissé des voyous prendre en otage une population et soustraire un bout du territoire à la République. Les autorités publiques, administratives et judiciaires ont, dans le passé, sans doute trop joué aux apprentis sorciers avec la pègre, pensant qu'elle pouvait les aider à combattre le nationalisme corse. Pour quelques informations et des arrestations médiatiques, quel a été le coût de ces calculs à courte vue ?

On pouvait espérer beaucoup d'une nouvelle gouvernance politique de l'île, entre les mains des nationalistes et des autonomistes depuis 2015. Elle promettait de remettre la Corse sur les rails de la répartition équitable de la richesse et de la défense du bien commun. Forts de l'expérience de la clandestinité, les nationalistes au pouvoir avaient l'avantage de ne pas redouter, *a priori*, l'intimidation des voyous. Au contraire, pendant longtemps, ces derniers s'étaient inquiétés de ne pas savoir d'où pouvait venir la menace indépendantiste, dont les militants étaient, le jour, boucher, berger ou enseignant, et, le soir, mettaient la cagoule pour des actions armées.

Privilégiant le combat institutionnel et semblant goûter la méthode incantatoire, le patron politique et économique de l'île, Gilles Simeoni, a tergiversé pendant toutes ces années entre prise de parole contre la violence organisée et *statu quo*, lié, peut-être, à des jeux politiques locaux. Il a pourtant eu une occasion rêvée pour ouvrir le débat public sur l'emprise mafieuse en Corse.

Naissance d'une parole anti-mafia

Longtemps apparue sans fondement aux yeux des principales figures de l'île, la parole anti-mafia a surgi en 2019. Au cours de l'été, Jean-André Miniconi, candidat à l'élection municipale d'Ajaccio, voit ses entreprises visées par des incendies criminels. Puis, le 12 septembre 2019,

Maxime Susini, un militant nationaliste, est assassiné à Cargèse. L'émotion suscitée par ces actes entraîne la création de deux collectifs anti-mafia et l'annonce par le président (autonomiste) du conseil exécutif de Corse, Gilles Simeoni, de l'ouverture, fin octobre, d'une session extraordinaire de l'Assemblée territoriale sur la violence.

Fin septembre 2019, à Ajaccio, une vingtaine de personnalités de la société civile ont baptisé leur rassemblement «*A maffia no, a vita iè*» («non à la mafia, oui à la vie»), revendiquant 2500 membres. Le second collectif, appelé «Massimu Susini», voit le jour, début octobre, à Cargèse, où vivait la victime. Ces deux mouvements entendent fédérer tous ceux qui veulent «résister à la mafia», une démarche relayée par un débat sur l'emprise criminelle sur la société, organisé à l'université de Corte fin septembre, ayant connu un certain succès d'affluence.

Ces paroles dispersées ont reçu, dans un premier temps, un certain écho auprès du pouvoir politique de l'île. Le mal concerne l'ensemble du territoire, dit Gilles Simeoni. «Il y a une situation de dérive mafieuse en Corse et ce phénomène est ancien.» Fort de ce constat, dit-il, «nous allons faire passer notre société d'une logique archaïque et mortifère à une logique de vie et de respiration démocratique». Selon lui, «il faut dire haut et fort que n'avons pas peur», «les élus doivent prendre leurs responsabilités; certains ont des porosités critiquables avec ces milieux, y compris chez les nationalistes[1]».

---

1. Gilles Simeoni, 25 septembre 2019.

Le propos n'est pas anodin. Les Corses, dans leur majorité, ont pris pour acquis que la pègre était une composante inaliénable de la société. Ils semblent avoir admis qu'une partie de la richesse est captée par les truands et leurs prête-noms. Sur cette île, l'inversement des valeurs n'est pas une vue de l'esprit. Les homicides sont considérés, ici, comme une composante de la vie, des vecteurs de régulation d'une justice privée qui échapperait au droit commun, mais obéirait à des règles non dites, celles d'un pouvoir parallèle, davantage craint que celui de l'État. Chacun, de près ou de loin, mesure son emprise sur le commerce, le foncier, les marchés publics, les élections et toute activité générant des bénéfices.

Les élus font l'autruche

Après leur irruption, ces rassemblements citoyens ont été confrontés à des enjeux de positionnement et de légitimité dans un espace de débat public insulaire quasi inexistant. Et la réaction de ceux qui étaient visés par ces mobilisations n'a pas tardé. Jean-Toussaint Plasenzotti, enseignant de corse, à l'origine de la création du collectif «Massimu Susini», voit ainsi son nom associé aux mots «indicateur de police», sur un grand graffiti inscrit, fin octobre 2019, sur un mur à l'une des entrées d'Ajaccio. «En Corse, quand on vous traite de "balance", cela équivaut à un arrêt de mort, réagit-il. C'est la pire des insultes et elle sert à justifier, à l'avance, de funestes projets en laissant croire que vous méritez ce qui peut vous arriver; ces tags révèlent l'impatience des mafieux. Ils ne pensaient pas que la mort de Maxime susciterait une telle émotion dans la société corse[1]. »

Mais l'émotion n'a duré qu'un temps. « Nos élus locaux disent "je vous ai compris", mais ils regardent ailleurs », constate Jean-Toussaint Plasenzotti. Au printemps 2022, le débat promis par Gilles Simeoni à l'Assemblée sur la pression mafieuse en Corse n'avait toujours pas eu lieu. Les collectifs soulignent même que l'arrivée au pouvoir des nationalistes et autonomistes a fait sauter les derniers garde-fous qui empêchaient les voyous de s'emparer de l'île, de ses marchés publics, ceux des routes ou des déchets. « Ils ont pénétré les zones économiques les plus perméables et les plus rentables, explique Plasenzotti. Ce pouvoir mafieux, parallèle, existait avant mais, désormais, il progresse. De nombreuses personnes me conseillent de faire attention. En portant cette résistance, je dérange aussi bien les assassins que les services de l'État qui laissent faire. »

Au quotidien, dans cette société de proximité où tout le monde se connaît et se croise, il n'y a pas d'affrontements. Le crime organisé agit comme un pouvoir totalitaire. Sa violence s'exprime en direct mais aussi, en grande partie, par la dissuasion. « Notre parole ne suffira pas, confie Plasenzotti, mais elle est nécessaire. Soit les autorités comprennent que notre île est au bord du précipice, soit elles attendent encore et le pire va arriver. Le peuple corse ne va pas se laisser assassiner le matin en partant au travail. »

1. Propos recueillis par l'auteur.

L'État absent

L'État a, évidemment, un rôle important à jouer. Lui seul peut opposer une force légitime à celle de la mafia. Il a fallu attendre l'automne 2012, alors que l'ex-bâtonnier Antoine Sollacaro venait d'être abattu, pour qu'un ministre de l'Intérieur, Manuel Valls, change le registre sémantique de l'État. Oui, il y a une « mafia », oui, « la Corse ne va pas bien », dit-il alors. Le dogme dictait qu'elle n'existait pas en France. Le terme « mafia » sonnait comme une infamie aux oreilles d'un État sacralisé qui ne pouvait souffrir aucune contestation de son autorité.

Les pouvoirs publics ont-ils pour autant adapté leurs moyens de lutte à ce diagnostic, rien n'est moins sûr. Depuis, les préfets qui se succèdent à Ajaccio démentent régulièrement l'existence d'une « mafia » corse. Ce désintérêt et l'indifférence de la communauté française face au sort d'une région transformée en zone de non-droit mettent pourtant en cause les fondements de l'État et de la démocratie. Accepter ce fait, c'est entériner que la Corse soit une terre sans loi. Laisser prospérer un tel système sur l'île équivaut à abandonner sa population.

Des juges se rebiffent

L'incohérence de cette indifférence est illustrée par le contenu d'un rapport confidentiel remis, en janvier 2020, à la chancellerie par les magistrats de la juridiction interrégionale spécialisée (JIRS) de Marseille chargés de lutter contre le crime organisé. Désireux de convaincre leur ministère de l'urgence de créer un pôle anti-mafia corse, ils ont passé en revue l'intégralité des dossiers liés à la pègre insulaire traités entre 2009 et la fin 2019. Un travail qui offre une vision inédite sur la violence que subit ce territoire.

Dans l'histoire de l'institution judiciaire, c'est la première fois qu'un tel panorama est brossé. Il repose sur près de cent cinquante dossiers et concerne plus d'une quarantaine de personnes condamnées ou mises en examen. Huit cents ans d'emprisonnement ont été prononcés dans ces affaires et plus de 15 millions d'euros d'avoirs saisis. La conclusion de ce travail est sans appel : « Le banditisme corse revêt toutes les formes du phénomène mafieux[1]. »

À la différence d'une marginalité classique, constituée de bandes vivant au ban de la société, expliquent les magistrats de la JIRS, « le banditisme corse ne peut pas être appréhendé sans la connaissance de son contexte, de son histoire et de son territoire ». Ils ajoutent : « Puisant ses racines dans une culture clanique, une très forte attache au territoire et à l'héritage familial, il s'est illustré de façon ancestrale, tant sur l'île que sur le continent, dans la commission de règlements de comptes [...] et a longtemps été délaissé par les autorités au profit du terrorisme. »

Le milieu criminel corse a vécu et imposé sa loi selon une *pax mafiosa* qui a duré du début des années 1980 jusqu'à la mort accidentelle, en 2006, de Jean-Jérôme Colonna, dit « Jean-Jé », « membre important du milieu corso-marseillais

1. « 2009-2019, dix années de traitement du banditisme corse par la JIRS de Marseille », rapport remis à la Direction des affaires criminelles et des grâces du ministère de la Justice, janvier 2020.

du temps de la “French Connection” et parrain qui régnait en maître sur les terres de Corse-du-Sud». Sa disparition «déstabilisait totalement le banditisme insulaire et déclenchait une guerre fratricide au sein du clan criminel de la Brise de mer, toute-puissante dans le nord de l'île», sur fond de guerre de territoires et d'intérêts économiques.

La criminalité organisée corse se reproduit et génère ses héritiers, de sang ou non. Ces jeunes voyous inscrivent leurs pas dans une histoire et des réseaux préexistants, tout en innovant : «trafic de stupéfiants, local et continental, avec des alliances fortes avec le narcobanditisme marseillais», «extorsions visant le tissu économique local», «circuits de blanchiment locaux, continentaux et internationaux de l'argent sale».

La jeune génération atteste une capacité créative qui semble surprendre les magistrats de la JIRS. «Ces nouvelles équipes montraient une hyperadaptabilité en termes de communication et de modes de vie clandestins.» Certains groupes, dans la région de Sartène, dans le Sud, de Ghisonaccia, en Plaine orientale, et dans le secteur de Bastia, dans le Nord, «ont utilisé des moyens cryptés de type PGP [*pretty good privacy*, un système de chiffrement] mais aussi le recours vraisemblable à la technique du *pizzini* [petits billets écrits utilisés par la mafia sicilienne pour communiquer] pour échapper aux écoutes électroniques».

Fin de non-recevoir de l'État

Début octobre 2021 à Marseille, lors d'un comité de pilotage de la JIRS, ses membres ne cachaient pas leur déception face au manque de « volonté politique » et à la fin de non-recevoir opposée à leurs revendications par le ministère de la Justice[1]. Après avoir examiné les demandes, le ministère a estimé que l'organisation actuelle « fonctionne plutôt bien ». La JIRS jugeait, au contraire, qu'il convenait « d'évaluer [ses] besoins afin d'optimiser [son] action », sans quoi ce pouvoir parallèle continuerait de sévir sur l'île et sur le continent[2].

Souvent décriée par les avocats de voyous qui dénoncent ses excès de pouvoir ou voient en elle une « juridiction d'exception », la JIRS de Marseille se dit impuissante devant le « système mafieux ». Elle affirme être confrontée à une violence qui associe « les crimes de sang pour préserver une emprise sur un territoire » à la vendetta. En Corse, observe-t-elle, « l'interpénétration du banditisme, de l'économie et de la politique » lui complique la tâche. Enfin, l'omerta, l'insularité et un maillage social très serré « rendent très difficile le recueil de témoignages [...], quels que soient les individus – élus et fonctionnaires, y compris ceux issus des forces de l'ordre ».

Lutter contre la mafia exige enfin, d'après la JIRS, de modifier le cadre légal existant, en particulier la loi dite « du repenti », seul outil permettant aujourd'hui d'accéder à une

1. Propos recueillis par l'auteur.
2. JIRS, *op. cit.*

parole venant du cœur d'un système mafieux. Car le texte actuel considère qu'un individu ayant participé à un projet criminel ayant entraîné la mort ou une infirmité permanente ne peut pas bénéficier du statut de repenti, ce qui vide la loi d'une grande partie de son efficacité. En privé, au ministère de la Justice, on répondait que la réécriture de la loi ne peut se faire sans ouvrir un vaste chantier juridique qui nécessite à la fois du temps et une volonté politique, deux conditions non remplies à cette époque[1].

Le repenti, mal-aimé de la justice française

Le président de la commission nationale de protection et de réinsertion des témoins, Bruno Sturlèse, avocat général à la Cour de cassation, avait lui-même déjà écrit, en 2018, aux ministres de la Justice et de l'Intérieur pour regretter les «lacunes incompréhensibles» du texte sur le repenti. Le 10 novembre 2020, il reprenait sa plume pour rappeler l'«incohérence» de la loi et constater que rien n'avait été fait en dépit des conclusions d'un groupe de travail interministériel. Son courrier restera sans réponse. Un symbole du déni français face au danger mafieux.

«Le dispositif a été mis en place pour offrir une protection physique au repenti et à sa famille, ainsi qu'une promesse d'indulgence pénale lors du jugement, c'est la Rolls de la lutte contre le crime organisé, explique Me Sturlèse. On rééquilibre ainsi le jeu judiciaire entre des

1. Propos recueillis par l'auteur.

organisations criminelles sophistiquées et l'État[1].» Le repenti livre aussi des éléments précieux sur la sociologie des organisations et des crimes. Il permet également de lever le voile sur ce qui fait la force d'un système mafieux, ses liens avec la société civile, politique ou économique et son emprise sur le monde légal.

En dépit de toutes ces vertus, le législateur a bridé le système. «Nous sommes donc contraints, aujourd'hui, d'aller chercher des infractions connexes, non criminelles, pour garantir une sécurité absolue à une personne qui choisit le camp de l'État, ajoute Me Sturlèse. Tous les jours, nous devons faire des acrobaties qui mettent en danger juridiquement l'ensemble du dispositif. Le législateur doit se saisir du problème.»

Nommer la mafia corse

Le silence, voire le déni, qui frappe quand vient le moment d'appeler la mafia par son nom est souvent adossé à des arguments attestant la méconnaissance du sujet, des intérêts inavoués ou une forme de paresse intellectuelle. Depuis le début des années 1980, les faits témoignent de la réalité du phénomène auquel l'île est confrontée, et des analyses de magistrats ou policiers démontrent qu'elle vit bien sous le joug d'un système mafieux.

Ceux qui refusent l'idée de l'existence d'une mafia corse assurent que le crime organisé insulaire n'obéit pas aux

1. Propos recueillis 28 avril 2021.

mêmes règles que Cosa nostra, en Sicile, réduisant ainsi le phénomène mafieux dans le monde à la seule vision hollywoodienne, en particulier celle de Francis Ford Coppola dans sa trilogie du *Parrain*. Or, il est une évidence : la mafia ne décrit pas un mode d'organisation, mais bien un phénomène social dont la nature, sous toutes ses facettes, change selon le lieu où il se développe. Les mafias vivent en parasitant le corps social, aussi aucune ne ressemble exactement à l'autre. Chacune s'inscrit dans une histoire régionale et nationale spécifique et se dissimule dans un territoire singulier.

Pour tenter de faire avancer la compréhension de cette réalité, j'entends exposer, presque cliniquement, ce qui fait le cœur même d'une mafia, plus profondément encore que je ne l'ai fait dans mes livres précédents. Montrer les entrelacs entre pègre, économie et politique; raconter comment et quand les premiers mafieux corses ont mis la main sur ce territoire et étendu leurs ramifications dans certains couloirs du pouvoir à Paris. Décrire la mainmise des voyous sur la politique, locale ou nationale, est sans doute ce qu'il y a de plus complexe à dévoiler en matière de criminalité.

C'est pourquoi ce livre est l'aboutissement de plus de vingt ans de travail sur le crime organisé corse. Pour mener à bien cette démarche, point de propos théoriques, mais une description scrupuleuse des méthodes mafieuses grâce au travail de la police et de la justice, mais aussi aux confidences de ceux qui, en Corse, connaissent ce monde de l'intérieur ou l'observent de près. L'ambition de ce livre est d'abord d'être utile à la société corse et au débat public.

Prologue

Au terme de sa lecture, chacun pourra se faire son opinion. La construction même de l'ouvrage a été pensée en ce sens, en écho à ce qui fait la noblesse du journalisme : ce travail de vérité est non prescripteur, il consiste à livrer les faits au lecteur et à le laisser conclure.

Chapitre 1

Le Petit Bar, les héritiers d'un système mafieux

Les Corses le savent, deux hommes casqués sur une moto, ce n'est jamais bon signe. Surtout si les visages sont dissimulés par des visières fumées et les épaules rentrées, un tableau qui annonce souvent un funeste projet en cours. Ce 19 octobre 2018, dans l'un des cafés du quartier Albert-Ier, à la sortie d'Ajaccio, en direction de la route des Sanguinaires, un habitué voit repasser la même grosse cylindrée qu'il y a deux jours. Cette fois-ci, les deux passagers lui semblent plus nerveux. La scène n'est pas ordinaire et il cherche, d'instinct, à deviner qui se cache derrière ces deux silhouettes affûtées. Il n'est pas le seul à suivre le manège de la moto.

Les policiers de la brigade de recherche et d'intervention (BRI), secondés par des collègues de la police judiciaire (PJ), sont déjà répartis dans tout le périmètre. Voilà des mois qu'ils sont sur les talons de Guy Orsoni et Anto Moretti, deux piliers du milieu criminel de Corse-du-Sud. Le premier est le fils d'un ancien chef nationaliste et le second a pris la suite d'un père, également ex-indépendantiste, abattu dans une série de règlements de comptes dans le Sartenais. Ce qui inquiète les enquêteurs, c'est le sac à dos noir du passager et leurs tenues en mode treillis.

Dilemme policier par excellence, la question du bon moment pour intervenir est saillante et noue tous les estomacs, surtout celui des chefs. L'imminence d'un passage à l'acte est évidente mais donner le top trop tôt, c'est se priver d'éléments à charge quand ils passeront devant la justice. Le donner trop tard, c'est risquer le loupé et la polémique sur l'efficacité de la police. Ils les traquent depuis mai 2018. Au début, ils enquêtaient sur un trafic de stupéfiants et des faits d'extorsion contre d'Alexandre Lanfranchi, le responsable du centre d'enfouissement de déchets de Viggianello, dans le Sartenais.

Mais le 13 septembre 2018, un événement a bouleversé le cadre des investigations autant que le mode de vie de celui qu'ils surveillaient, Guy Orsoni. Ce jour-là, au cœur d'Ajaccio, non loin du tribunal, il est victime d'une tentative d'assassinat à bord de sa voiture par deux hommes à moto. Blessé, il reste plusieurs jours à l'hôpital. Dès sa sortie, les policiers remarquent un net changement dans son comportement, qu'ils identifient comme la préparation d'une « riposte » contre la bande rivale au sein du milieu ajaccien, celle du Petit Bar, du nom de l'établissement où ses membres ont l'habitude de se retrouver. Pour en savoir plus, les policiers obtiennent, le 11 octobre 2018, l'autorisation de sonoriser la voiture utilisée par Orsoni et Moretti.

Grâce aux micros espions placés dans ce véhicule, ils découvrent l'existence d'une moto suspecte, une BMW R 1200 GS, faussement immatriculée, volée en Haute-Corse. Les filatures attestent des repérages du duo effectués autour de la résidence Albert-Ier, au dernier étage de laquelle habite Pascal Porri, l'un des piliers du Petit Bar, présenté comme le plus dangereux. Ce 19 octobre 2018, Orsoni et Moretti surgissent donc de nouveau dans ce quartier vers 16 h 45. Ils s'engouffrent dans une petite rue menant du boulevard de Madame-Mère vers un bout de maquis boisé qui surplombe les immeubles de bord de mer. En contrebas, on voit le chemin de Cacalovo qui dessert la grande résidence Albert-Ier.

Les policiers savent où se rendent les deux hommes. Un petit pas de tir a été préparé dans le maquis, à l'abri des regards. De là, on aperçoit la grande terrasse de l'appartement de Pascal Porri. Il est temps de se montrer. L'ordre est donné d'intervenir. Orsoni et Moretti tentent de fuir mais sont rattrapés par l'important dispositif[1]. Le «flag» est spectaculaire. Moretti est armé, un Glock chargé et une cartouche chambrée. Orsoni cache dans son sac une arme de sniper de 12,5 kg, capable de percer les blindages et de tirer à plus de 1500 mètres[2]. Du jamais-vu dans une affaire de grand banditisme.

---

1. Les mises en examen de Guy Orsoni et Anto Moretti, prononcées le 25 octobre 2018, pour «association de malfaiteurs en vue de commettre un crime» ont, depuis, été annulées par la chambre d'instruction de la cour d'appel d'Aix-en-Provence au motif que la juge d'instruction, Anaïs Trubuilt, attachée à la juridiction interrégionale spécialisée en matière de lutte contre le crime organisé, à Marseille, n'était pas régulièrement saisie pour agir en ce sens. Néanmoins, la chambre n'a pas fait droit aux demandes de nullité des avocats quant à l'ensemble de cette procédure, ce qui a conduit à un pourvoi en cassation des mêmes conseils, dont le résultat n'était toujours pas connu lors de la rédaction de cet ouvrage. L'affaire étant en cours, les intéressés sont donc présumés innocents.
2. Procès-verbal relatif à l'interpellation de Guy Orsoni et Anto Moretti, poursuivant l'exécution de la commission rogatoire numéro 418/6 délivrée le

La résidence Albert-Ier

En Corse, le monde des criminels a débordé depuis longtemps celui des seuls voyous. C'est le propre d'une mafia. Les entrelacs du monde de la pègre avec le reste de la société, son économie, la vie politique font corps avec un territoire, en l'occurrence une île. Le banditisme, ici, n'est pas cantonné aux franges de la marginalité. Il pèse sur la collectivité dans laquelle il vit grâce à la terreur qu'il inspire et a fini par en constituer le centre, faute d'avoir été stoppé. Si l'arrestation réussie de Guy Orsoni et d'Anto Moretti a pu, dans un premier temps, réjouir les autorités, la suite des investigations va montrer combien le crime organisé est enraciné sur cette terre.

Il suffit, en effet, de tirer un fil de cette seule affaire pour lever un coin du voile mafieux qui recouvre la société insulaire depuis des années. Derrière la tentative de règlement de comptes se cachent d'autres enjeux, peut-être plus importants pour la collectivité corse. Le procureur d'Ajaccio, Éric Bouillard, le sait bien. Il veut en savoir plus sur les secrets du niveau de vie des membres du Petit Bar, les maîtres de la cité. Il entend par ailleurs envoyer un message à la population, qui voit les membres de ce gang parader dans une ville où le seul fait de les saluer dans la rue vaut promotion sociale. Le magistrat sait que cette inversion de la hiérarchie de valeurs est la première défaite de la justice.

1er octobre 2018 par Mme Anaïs Trubuilt, vice-présidente chargée de l'instruction au tribunal de grande instance de Marseille, 26 octobre 2018.

Il faut taper au porte-monnaie. Alors, il ouvre une enquête sur l'appartement confortable de la famille Porri, au dernier étage de la résidence Albert-Ier, construite par un ami du Petit Bar, Antony Perrino, promoteur en vue. Pour un logement de plus de 163 mètres carrés comprenant une terrasse qui en fait 70, donnant sur le golfe d'Ajaccio, au sein d'un ensemble neuf de grand standing, le couple Porri paie un loyer de 1500 euros et bénéficie d'exonération de certaines taxes. Un préjudice estimé par la justice à plus de 46000 euros de 2016 à 2018, ce que contestent les intéressés. Le procureur leur reproche aussi des paiements en espèces à l'origine douteuse pour des frais de scolarité, l'achat d'une moto de grosse cylindrée de type KTM et des billets d'avion. Une Porsche a également été payée 40000 euros en chèque[1]. La femme de Porri affirme que l'argent provient des sommes reçues de ses parents lors du baptême de ses enfants[2].

1. Procès-verbal de la mise à jour des informations sur l'équipe du Petit Bar, 7 février 2020.

2. Antony Perrino a été condamné, le 16 mars 2022, à 15000 euros d'amende par la cour d'appel de Bastia pour abus de biens sociaux en lien avec un membre présumé de la bande criminelle du Petit Bar. La cour a confirmé le jugement du tribunal correctionnel d'Ajaccio du 25 juin 2019 pour l'ensemble des prévenus. M. Perrino avait été condamné à la même amende pour avoir loué un appartement à Ajaccio à Pascal Porri, membre présumé de la bande du Petit Bar, et à sa femme Valérie Mouren, «très largement en dessous des prix du marché», selon les mots du procureur de la République, Éric Bouillard. Mme Mouren a été condamnée à 6 mois de prison avec sursis pour recel d'abus de biens sociaux et blanchiment de fraude fiscale, et Pascal Porri, à 16 mois de prison ferme pour les mêmes chefs que son épouse. La cour d'appel s'est aussi penchée sur des achats en liquide – 13000 euros – du couple Porri-Mouren qui s'était déclaré sans ressources propres. Les trois prévenus ont indiqué leur intention de se pourvoir en cassation. Ils doivent donc toujours être considérés comme présumés innocents des faits qui leur sont reprochés.

La justice ne s'arrête pas au seul appartement de Porri, elle veut savoir comment l'immeuble lui-même a été construit et si le crime organisé ne s'est pas, en sous-main, emparé de l'ensemble du projet immobilier. C'est une plongée dans la subtilité d'un système dont les ressorts échappent souvent aux services de l'État. De fait, l'histoire de ce beau bâtiment blanc, à l'architecture un peu déroutante, est jalonnée d'apparitions de pointures du milieu corse. Jamais en direct, toujours en filigrane, ce qui complique d'éventuelles poursuites judiciaires mais n'interdit pas les hypothèses de travail. La présomption d'innocence a souvent le dernier mot, faute de preuves. Mais on est là au cœur du défi de la lutte anti-mafia : derrière une tentative d'assassinat surgit l'ombre mafieuse sur l'immobilier local.

Dès la naissance du projet, au début des années 2000, les enquêteurs voient émerger un personnage fantasmatique, Richard Casanova, l'un des membres fondateurs de la Brise de mer, gang mafieux qui a régné pendant plus de vingt ans sur la Haute-Corse avant de sombrer dans une guerre fratricide. Lors de perquisitions menées chez certains de ses amis – un architecte[1], à Aix-en-Provence, et un promoteur[2], à Ajaccio – dans l'enquête sur son assassinat, en avril 2008, les policiers vont tenter de trouver une explication à la présence de pièces administratives liées à des projets immobiliers, dont celui de la résidence Albert-Ier, dans les affaires de Casanova.

Cette résidence est à l'origine un terrain appartenant à Gaz de France. L'idée est de bâtir 120 logements à diviser,

1. Perquisition du cabinet d'architecte de M. L., Aix-en-Provence, 3 mars 2009.
2. Perquisition des domiciles de M. R., Ajaccio et Sagone, 3 mars 2009.

à parité, entre un parc social et un privé. Trois niveaux de parking sont prévus, un pour la supérette Champion au rez-de-chaussée, un pour les résidents et un pour la mairie d'Ajaccio. Les policiers ont récupéré, chez les amis de Casanova, le dossier Albert-Ier : une chemise cartonnée contenant des plans, des comptes, des bilans prévisionnels relatifs à l'opération immobilière. Finalement, le projet n'ira pas à son terme. La communauté d'agglomération du pays ajaccien (CAPA) fait jouer son droit de préemption. Mais les policiers chargés du volet financier des affaires de Richard Casanova émettent une autre hypothèse : « La mort brutale de Richard Casanova, en 2008, a sans doute changé la donne de ce projet. »

L'architecte et le promoteur jurent leurs grands dieux n'avoir jamais informé leur ami des tractations en cours. « J'ai fait la connaissance de Richard Casanova à sa sortie de prison, relate l'architecte. Je l'ai rencontré une dizaine de fois, à Paris, Bastia et Aix [...], mais il n'était pas impliqué dans mes projets. » Le promoteur renchérit. Il a connu « Richard en 1995 » et l'a même vu pendant sa cavale, jusqu'à son arrestation en 2006, mais comme un parent, parce que sa compagne est « la cousine germaine de la femme de Richard ». Lui aussi affirme qu'il « n'intervenait pas sur cette opération ».

C'est finalement le groupe Perrino qui va construire la résidence. Là aussi les liens avec le monde des voyous sont palpables. Le dirigeant de la société, Antony Perrino, est le meilleur ami de Mickaël Ettori, un autre pilier historique de la bande du Petit Bar. Son père et son grand-père ont bâti l'entreprise du même nom, et fait leur place dans le monde de la promotion immobilière dans la région. En prenant la suite, le fils en a fait un acteur central de la vie économique de l'île et ses affaires rayonnent bien au-delà de la seule construction, et sur tout le continent.

La justice a longtemps cherché la véritable raison qui a conduit Antony Perrino à prendre en charge les travaux de l'appartement de Pascal Porri. Geste amical, lien de sujétion ou contrainte ? Perrino a été interrogé par la police, qui craignait qu'il ne soit déjà, à cette période, victime d'extorsion, lorsqu'il apparut que la femme de Jacques Santoni, le chef du Petit Bar, ne payait pas les loyers de son magasin d'articles pour bébés, logé dans des locaux appartenant au groupe Perrino, à Ajaccio. Entendu, il assura qu'il n'y avait là aucun problème.

En ce qui concerne l'hébergement de Pascal Porri, Perrino a assuré que seule l'amitié motivait ce prix inférieur à ceux du marché. « Il n'y a aucune relation contraignante entre moi et Pascal Porri. En Corse, tout le monde connaît tout le monde et, souvent, les amis d'enfance restent liés quand ils deviennent adultes, même lorsque leurs parcours peuvent les éloigner[1]. » La proximité n'est pas un délit et le maillage social très serré de cette société insulaire peut cxpliquer ce type de fidélité.

Avant de poursuivre ses études à Aix-en-Provence, Antony Perrino a grandi à Ajaccio comme la plupart des membres du Petit Bar. À 10 ans, il était en classe avec Jacques Santoni. Plus tard, il fera de la moto avec lui, mais il est surtout proche de « Mika » Ettori[2]. Il lui prête sa voiture

1. Propos recueillis par l'auteur.
2. *Le Monde*, 23 avril 2018.

blindée, à Ajaccio, et lui donne accès aux hélicoptères de la compagnie Helicorse, rachetée par le groupe Perrino – de quoi rejoindre rapidement Bonifacio où Ettori gère d'autres affaires.

Le programme immobilier Albert-Ier a été relancé par la mairie, tenue, jusqu'en 2014, par le « divers gauche » Simon Renucci, un pédiatre bien connu des familles ajacciennes[1]. Après la tentative avortée des amis de Richard Casanova, deux acheteurs sont pressentis, François Colonna et son associé Pierre Carette. Là aussi, coup de théâtre, les deux hommes se désistent au dernier moment pour des raisons qui intriguent la police locale, et laissent la voie libre au groupe Perrino qui ajoute 10 appartements et fait descendre le pourcentage du parc social à 33 % du total. La mairie accorde le permis de construire.

Le père du parrain joue les *missi dominici*

La justice ne pourra pas découvrir de liens formels entre le Petit Bar et la construction de la résidence, mais cela ne signifie pas pour autant que la mainmise de la bande sur Ajaccio soit une vue de l'esprit. Le 19 juillet 2020 peu avant midi, à bord d'un 4 × 4 blindé Mercedes Classe G noir, André Bacchiolelli dit « Dédé », autre pilier du gang, vient chercher son chef, Jacques Santoni, présenté, aussi bien par

1. Simon Renucci a effectué deux mandats successifs de maire d'Ajaccio, du 18 mars 2001 au 5 avril 2014. Laurent Marcangeli, élu sous l'étiquette UMP (il quittera en 2018 le parti Les Républicains), lui a succédé le 8 février 2015 après l'organisation d'une seconde élection municipale.

la justice que par le grand banditisme, comme le nouveau parrain de Corse-du-Sud. « Mika », « Pascal », « Dédé » et l'ami d'enfance de Jacques, Stéphane Raybier[1], forment le noyau dur. Tous conviennent que Santoni mène la danse. C'est lui le cerveau, même si, depuis décembre 2003, il n'a plus l'usage de ses jambes après un accident de moto, à Ajaccio, qui l'a rendu tétraplégique.

Dédé installe Jacques dans le Mercedes. Ils sont place du Diamant, au cœur de la ville, à deux pas de la préfecture et de l'hôtel de police. Ils roulent doucement puis font demi-tour quand le chef du Petit Bar aperçoit son père, Lucien, devant le café Le Pigalle. Ils s'arrêtent à sa hauteur et lui donnent 3 000 euros en billets de 500[2]. Jacques réprimande ensuite son père comme si les rôles étaient inversés. Lucien Santoni apparaît comme un *missi dominici*. Il fait passer les messages pour le compte de son fils qui veut racheter des affaires et monter des projets de toutes sortes dans la ville. Et quand son père lui glisse le nom d'une serveuse à proposer à l'hôtel-restaurant Les Girelles, il répond sans ménagement : « Tu sais de quoi je m'occupe moi ! Le reste je m'en fous. » Son père, penaud, termine la phrase de son fils : « De prendre l'argent dans la caisse[3]. »

1. Stéphane Raybier, membre présumé de la bande criminelle corse du Petit Bar, s'est suicidé à la prison de la Farlède, à Toulon, le 14 février 2021. Il avait 45 ans.

2. Réception du soit-transmis pour versement de la conversation sonorisée entre Jacques Santoni et son père, le 19 juillet 2020, réalisée dans le cadre de la tentative d'homicide volontaire avec préméditation en bande organisée sur la personne de Guy Orsoni, 31 août 2020.

3. *Ibid.*

Puis, père et fils évoquent le rachat du bowling d'Ajaccio pour en faire « un beau supermarché et un cabinet médical », un projet à 1,5 million d'euros. Lucien Santoni propose de faire un « petit effort de 100 000 euros » avec les vendeurs. Jacques Santoni le rabroue, de nouveau, estimant que ce n'est pas à lui de s'occuper des sous et que Mickaël Ettori, présenté par les enquêteurs comme « le directeur commercial du Petit Bar », ira les voir bientôt. Puis, il dit s'intéresser au « chinois » (sans doute un restaurant) et pense à un projet de résidence derrière le bowling. Son père acquiesce et ajoute : « Le chinois, tu lui fais une proposition et il va vendre, tu lui mets un peu la pression et il vend... »

Ils redémarrent en direction de la maison de Dédé à l'extérieur d'Ajaccio. Ces enregistrements en eux-mêmes ne constituent pas des preuves mais donnent une idée du quotidien d'une équipe mafieuse désireuse d'investir d'importantes liquidités pour sans doute les blanchir dans le tissu économique local. Le seul nom de Jacques Santoni suffit à intimider. Pourtant, peu auraient parié sur sa capacité à s'imposer comme l'héritier d'un système mafieux de Corse-du-Sud déjà ancien, lui dont la famille n'a rien à voir avec le monde des voyous, mais que ses propres lieutenants désignent comme « le parrain[1] ».

1. Les avocats de Jacques Santoni, Mes Pauline Baudu-Armand et Pascal Garbarini, démentent la qualité de « parrain » attachée par la justice à leur client. Selon Me Garbarini, elle relève avant tout « d'une construction intellectuelle ». Les deux conseils constatent, en revanche, « une forme d'acharnement » contre M. Santoni dont « l'état de santé n'est compatible ni avec la garde à vue, ni avec la détention, selon l'avis d'experts indépendants commis depuis 2005 ». Selon ses conseils, le traitement judiciaire qui lui est réservé est « indigne » et « non conforme aux règles relevant du droit français et de la Convention européenne des droits de l'homme ». Me Garbarini estime que « l'on peut se demander, à

Son père, Lucien, originaire de Palneca, un village de Corse-du-Sud connu pour ses bandits célèbres et une culture de la violence bien ancrée, est un homme plutôt éduqué. Guitariste et fan de jazz, il a géré pendant dix-sept ans le café l'Agora, à Ajaccio. Puis, vers 2005, il doit cesser l'exploitation des Docks du Sud, un café-concert jugé trop bruyant par le voisinage; concept qu'il reprend, en 2007, avec le Zing, toujours à Ajaccio. Il ne perçoit aucun salaire et se paie quand il le peut sur les bénéfices. Il vit dans l'ombre de son fils.

Le frère du père de Jacques Santoni, Gérard, était policier et a fini sa carrière en Corse; sa tante, elle, était enseignante. Quant au grand-père paternel, il a longtemps été adjoint au maire de Palneca, tendance radicale-socialiste. Bref, «une famille honnête et travailleuse», aux dires des anciens. La mère de Jacques, Michèle, vient du village voisin, Cozzano, et est retraitée de l'Éducation nationale. Son père et son oncle furent, pendant la guerre, des piliers locaux du réseau de résistants communistes. Jacques Santoni tient son physique de ce grand-père maternel, une force de la nature, un caractère bien trempé.

Jacques Santoni

Jacques Santoni est né à Ajaccio, le 4 février 1978. À 15 ans, de retour de la chasse, à Cozzano, il joue avec son

certains égards, s'il ne s'agit pas d'une forme de règlement de comptes entre certains membres de l'institution judiciaire et Jacques Santoni». Pour sa part, ce dernier, entendu par la police en octobre 2013, avait donné sa version sur son rôle présumé à la tête du Petit Bar : «Je ne suis que le parrain de mes filleuls.»

fusil en compagnie de son meilleur ami, Dominique Pedano, de deux ans son aîné. Un coup de feu part et son camarade est atteint mortellement. L'affaire est «arrangée» entre les familles. Deux ans plus tard, il quitte le lycée et montre une attirance pour le monde des voyous. Au Petit Bar, un café du cours Napoléon, Santoni se lie aux deux figures dominantes du groupe de jeunes habitués : Pascal Porri, son futur alter ego, et Francis Castola junior, qui tombera pour trafic de stupéfiants et échappera à des tentatives d'assassinat.

Pour lui, c'est encore le temps de l'apprentissage, sous le regard de deux mentors : Francis Castola père, une sorte de «juge de paix» local proche du nationaliste Alain Orsoni, dont le fils deviendra plus tard son mortel ennemi, et Ange-Marie Michelosi, l'un des bras droits du parrain de la Corse-du-Sud d'alors, Jean-Jérôme Colonna. Dès 2002, le nom de la bande du Petit Bar apparaît dans des affaires d'extorsion de fonds puis, en 2003, dans des règlements de comptes liés au trafic de stupéfiants. Devant le juge, la fille d'une ex-figure du banditisme corse tuée mi-2004 exprime ce que toute la ville murmure : «Le Petit Bar, autour de Francis Castola, se vantait de commettre des assassinats, il voulait mettre la ville en coupe réglée[1].»

Après son accident de moto, le 24 décembre 2003, rue Fesch, au cours duquel il se brise les cervicales, Jacques Santoni tente, en vain, d'investir dans les jeux au Vietnam. Il revient à Ajaccio, où son avenir de voyou est d'autant plus compromis qu'en Corse-du-Sud, une terre longtemps tenue

1. Procès-verbal d'audition d'Anne Polverelli, avocate et fille de Roger Polverelli, dans le cadre de l'enquête ouverte après l'assassinat de son père le 25 août 2004, 16 août 2005.

par des lignées de «seigneurs» – il en est chez les truands comme au sein des clans politiques ou des nationalistes –, l'avenir appartient aux héritiers de sang, ce qu'il n'est pas.

De plus, il doit recevoir des soins quotidiens et ne peut rien faire sans aide extérieure. Mais ses proches, dont quelques pistoleros redoutés, lui restent fidèles et il va savoir se rendre indispensable. Selon la justice, il centralise les renseignements et délivre ses conseils, jusqu'aux moyens de communication sécurisés. Ses avis vont peu à peu avoir force de loi. Dans l'ombre, il élabore les stratégies dans un univers criminel complexe. Même cloué sur une chaise, il sait inspirer la peur. C'est ainsi que, profitant de la chute, entre 2005 et 2008, d'un système criminel insulaire qui avait tenu plus de vingt ans, il va devenir l'héritier qu'il n'était pas destiné à être.

Pour commencer, il profite d'un vide. Ses mentors tombent un à un sans qu'il y soit pour quelque chose. Castola père est abattu en mars 2005, Jean-Jé Colonna meurt le 1er novembre 2006 dans un accident de voiture. Le 8 juillet 2008, c'est au tour de Michelosi père de tomber sous des balles rivales. Jacques Santoni fait ensuite mentir la tradition. Les «fils de», dont Castola junior, sont mis à l'écart du Petit Bar. La tâche sera ardue avec Michelosi junior, qui devient une menace physique pour «Jacques», un temps isolé en 2010 et 2011, car sa garde rapprochée du Petit Bar est en prison. Ce concurrent finira par rejoindre une autre bande en Haute-Corse. Santoni reprend donc l'héritage de Jean-Jé, mais fait néanmoins le tri entre ses anciens affidés.

Le juge Christophe Perruaux, alors en poste à la JIRS, à Marseille, est le magistrat qui a approché au plus près le

Petit Bar dans ses enquêtes. Dans l'une de ses procédures, en 2012, il décrit le rôle joué par Santoni : « C'est le chef du clan, il répartit les fonds, il se comporte comme un manager, il donne des instructions, recadre les gens, fixe et rappelle les règles, il sanctionne les contrevenants et il gère les détentions et les sorties des membres de son clan. » Sans parvenir à le démontrer, les enquêteurs le suspectent de superviser l'ensemble des opérations de blanchiment sur le continent et à l'étranger, faisant la part belle à l'immobilier.

Mais chaque « famille » a ses faiblesses. Celle de Jacques Santoni s'appelle Patrick Giovannoni, une petite main ayant obtenu, en 2015, le statut de repenti. Selon lui, le « parrain » lui aurait confié avoir commandité plusieurs assassinats, dont ceux, en 2012, de l'ex-bâtonnier d'Ajaccio, Me Antoine Sollacaro, et de Jacques Nacer[1], l'ex-président de la chambre de commerce et d'industrie (CCI) de Corse-du-Sud[2]. Ces révélations, qu'il dément, conduisent Santoni en prison en 2015. Il n'y restera pas car son état de santé s'aggrave, au point d'être jugé incompatible avec la détention.

1. L'instruction de l'assassinat de Jacques Nacer n'étant pas close au moment de la parution de cet ouvrage, et les personnes mises en cause ne faisant l'objet d'aucune poursuite, elles doivent être considérées comme présumées innocentes.

2. Pour Jacques Santoni, Patrick Giovannoni est un « don Camillo » dont le rôle serait de « colmater un dossier car au départ, c'était du fantasme ». Les accusés contestent la totalité des faits, parlant d'un « règlement de comptes judiciaire » et accusant les juges d'« accrocher des cibles dans le dos des gens ». Jacques Santoni a ainsi déclaré : « Vous avez essayé de me faire assassiner en me faisant porter le chapeau dans des tas de dossiers, en manipulant un malheureux pour en faire un repenti auprès duquel je me serais confessé, chose qui est totalement fausse. »

Johann Carta, l'« intendant » du Petit Bar à Ajaccio

Un système mafieux tire sa force de la peur qu'il inspire mais aussi du fait de ne pas apparaître en première ligne et d'utiliser des prête-noms, des hommes liges, qui agissent en son nom. Johann Carta n'avait pas vraiment le profil pour ce rôle. Connu dans la région ajaccienne pour ses débordements et la gestion de la paillote de la plage d'Argent, établissement en vue sur la rive sud de la baie d'Ajaccio, il n'avait, à ce jour, défrayé la chronique locale que par ses coups de sang. Mais, dans les années 2010, il a changé sans rien en laisser voir en se rapprochant des piliers de la bande du Petit Bar, dont l'emprise sur Ajaccio ne cessait de croître.

Les policiers, eux, ont fini par percer le vrai visage du personnage. « Il peut souvent être grossier, hurler et menacer son interlocuteur ou l'utiliser pour faire passer un message ; il peut, à l'inverse, être posé et parler très calmement tout en étant déterminé dans ses propos et en étant toujours menaçant. Lorsqu'il demande un service, son ou ses interlocuteurs ne discutent jamais. Il joue de la crainte qu'il peut inspirer, sans pour autant mettre ses menaces à exécution[1]. » « Ses liens, dit l'enquête, avec Mickaël Ettori et Pascal Porri, membres supposés de l'équipe du Petit Bar » et son rôle de pivot « dans les affaires immobilières[2] », en Corse

1. Interception de correspondances « permettant de révéler les traits de personnalité de Johann Carta », 1er août 2019.

2. « Communications en lien avec des membres supposés du Petit Bar », procès-verbal de l'exploitation des interceptions téléphoniques, ligne utilisée par Johann Carta, 19 octobre 2020.

et sur le continent, en ont fait un personnage qui méritait, selon la justice, un traitement procédural à part[1]. L'avenir dira si les soupçons étaient fondés ou le fruit d'une construction intellectuelle hâtive.

Tenter de percevoir la nature de son rôle dans le rachat de nombreuses affaires à Ajaccio, c'est sentir, un instant, la nature d'une emprise occulte sur une collectivité. « La pression indirecte qu'il exerce sur le secteur immobilier d'Ajaccio, écrit la justice, [a été] entraperçue au travers de la vente du café Le Napoléon[2]. » Situé en face de la préfecture de région, Le Grand Café Napoléon est l'une des plus belles affaires de la ville impériale. Son rachat, fin 2019, par des personnes très proches de M. Carta, suscite l'étonnement public du procureur d'Ajaccio de l'époque, Éric Bouillard, qui regrette l'absence d'autres offres que celle retenue.

Les écoutes judiciaires vont apporter des éléments de réponse. Le 26 août 2019, vers 18 h 30, Carta reçoit un appel d'Alix Gundelwein, un investisseur, qui lui demande s'il est « sur le café Le Napoléon ». L'homme lige du Petit Bar lui confirme être en passe de l'acquérir. Son interlocuteur lui explique que c'est le seul établissement d'Ajaccio qui l'intéresse, mais que si Johann est « dessus », « il n'y a pas de souci, même pas [il s']approche ». Les deux hommes conviennent ensuite de se voir à Paris. Un peu désabusés,

1. Les faits n'ayant pas été jugés dans cette affaire, les intéressés doivent être considérés comme présumés innocents. Johann Carta, qui avait accepté, dans un premier temps, le principe d'un échange avec l'auteur soucieux de recueillir sa version des faits, a fait savoir par l'intermédiaire de son avocat d'alors, Me Pascal Garbarini, qu'il ne souhaitait plus s'exprimer sur ce dossier.

2. Procès-verbal sur des « recherches concernant la reprise du Grand Café Napoléon à Ajaccio », 21 novembre 2019.

les enquêteurs concluent « que cette conversation avec, visiblement, un ami de longue date, est le parfait exemple de la crainte que véhicule Johann Carta à ses concurrents. Il est évident que cet état de fait ne peut être rendu possible que par l'appartenance à un groupe constitué[1]. »

Son activité commerciale est intense : boucherie, vente de voitures, restauration, et même intermédiation sportive. De plus, son nom est accolé à de nombreuses sociétés civiles immobilières (SCI) en Corse et à Neuilly-sur-Seine (Hauts-de-Seine). Il veille aussi sur ses relations avec l'administration fiscale. Le 24 septembre 2020, il indique à son comptable fiscaliste Christophe Farinotti, qui masque mal son inquiétude : «Je veux que dès demain toutes mes structures soient à jour de l'impôt[2]. » Enfin, ses appels sur le portable du président du tribunal de commerce d'Ajaccio intriguent, mais la justice ne va pas au-delà des supputations : « Constatons donc une nouvelle fois que Johann Carta dispose d'un carnet d'adresses lui permettant d'obtenir de manière officieuse des informations de première importance[3]. »

Lors de multiples conversations téléphoniques de Carta interceptées par la justice, les discussions avec les membres

1. Interception d'une communication entre Johann Carta et Alix Dominique Gundelwein, 26 août 2019, 18 h 37.

2. Interception d'une communication entre Johann Carta et Christophe Farinotti, 24 septembre 2020, 12 h 59.

3. « Notons qu'à la suite de cet appel le 22 juillet 2020 à 08 h 15, Johann Carta tente de contacter à deux reprises sans succès la ligne attribuée à la société Corse Installation, située 559, parc Berthault à Ajaccio (2A). Rappelons que cette société a été gérée par Frédéric Benetti, reprise depuis par son frère Patrick. Précisons que Frédéric Benetti occupe, depuis 2017, la fonction de président du tribunal de commerce d'Ajaccio (2A). »

du Petit Bar ne dépassent jamais les trente secondes, laissant penser à des prises de rendez-vous physique. Un mot revient souvent, celui de « terrassement », attaché à des projets immobiliers. Pédagogues, les enquêteurs « [rappellent] que le poste “terrassement” est le plus prisé par les organisations criminelles pour mettre en place des systèmes de blanchiment internationaux : emploi en masse de main-d'œuvre étrangère déclarée *a minima*, salaires compensés en espèces laissant la place à l'installation de systèmes de fausse facturation ou de faux contrats de sous-traitance. »

Le mystérieux Jacques Collin

Néanmoins, Johann Carta conserve encore une grande part de mystère, notamment quant à ses liens avec un riche homme d'affaires français, résident suisse : Jacques Collin. Partagé entre Genève et Ajaccio, ce dernier dit avoir réussi dans l'immobilier. La relation de ces deux hommes est mise en évidence dans une enquête préliminaire, ouverte en 2009, sur un prêt sous seing privé de 300 000 euros accordé par Collin, découvert lors des recherches sur l'« environnement fiscal » des affaires de la famille Carta. L'idée est alors de vérifier si cet argent n'est pas le fruit d'un éventuel racket. Interrogé, Jacques Collin promet qu'il ne s'agit que « d'amitié et de fidélité avec le père de Johann, Émile Carta[1] ».

1. JIRS de Marseille, Enquête préliminaire ayant donné lieu à l'ouverture d'une information judiciaire des chefs de blanchiment en relation avec une association de malfaiteurs, en 2015 ; saisine étendue, quelques mois plus tard, au chef de blanchiment en bande organisée.

En 2015, la justice prend enfin la mesure de l'affaire et confie les investigations au juge d'instruction marseillais Guillaume Cotelle, qui reçoit une synthèse sur les affaires Carta-Collin réalisée par le groupement d'intervention régional (GIR) de Corse, associant policiers et gendarmes à des fonctionnaires d'autres administrations pour les affaires complexes. Convaincu que le dossier peut éclairer l'ingénierie financière du système criminel insulaire, le parquet de Marseille ajoute, un an plus tard, la qualification de « blanchiment en bande organisée ».

En 2015, l'homme d'affaires franco-suisse a fait appel à Carta pour relancer son hôtel Palazzu U Domu, un quatre-étoiles situé rue Bonaparte, dans la vieille ville d'Ajaccio. Il le nomme directeur commercial. Antony Perrino participe à l'opération. Collin donne carte blanche à Carta mais ce dernier opte finalement pour l'arrêt de l'exploitation de l'hôtel et une vente à la découpe, en appartements. Quatre investisseurs suisses paraissent avoir engagé près de 900 000 euros, ce qui alimente les soupçons de blanchiment[1]. Carta se justifie sur la fermeture de l'hôtel dans la presse : « Nous sommes l'une des villes les plus ensoleillées, à 1 h 30 de Paris, et l'offre ne suit pas. Nous faisons tout à l'envers. Les commerces ne changent pas leurs horaires l'été et nombre de restaurants font du surgelé[2]. »

1. GIR d'Ajaccio, Exploitation de la synthèse sur les affaires Carta, transmise au juge d'instruction Guillaume Cotelle en 2016.
2. *Corse Matin*, 10 avril 2019.

Au total, les policiers débusquent près d'un million d'euros d'avances faites par Collin en faveur de Carta[1]. Les deux hommes sont associés dans plusieurs affaires en Corse par le biais de sociétés civiles immobilières ou de programmes de construction dans la baie d'Ajaccio. La société de Collin se spécialise notamment dans la construction de maisons individuelles ; il possède aussi des hôtels à Paris et près de Nice, des investissements de plusieurs dizaines de millions d'euros.

Le retour de la commission rogatoire internationale adressée par la justice française à la Suisse va changer la donne et permettre d'affiner la compréhension du tissu relationnel dans certaines affaires corses depuis vingt ans. Tout d'abord, le juge découvre la surface financière de Collin. S'il passe beaucoup de temps en Corse, il a pignon sur rue dans la promotion immobilière à Genève. Les flux sur ses comptes bancaires helvétiques s'élèvent « à plusieurs centaines de millions d'euros ». Plus intéressant, les policiers suisses alertent leurs collègues français sur l'existence d'un virement de 800 000 euros d'un poids lourd du grand banditisme français, Roland Cassone, l'un des parrains de Marseille, vers les comptes de Collin[2]. On n'en saura pas plus.

D'un coup, la nature très inattendue des relations de Jacques Collin donne une dimension nouvelle à un

1. JIRS de Marseille, Information judiciaire des chefs de blanchiment en relation avec une association de malfaiteurs en 2015 ; saisine étendue, quelques mois plus tard, au chef de blanchiment en bande organisée.

2. Commission rogatoire internationale, versée au dossier après son exploitation par la justice suisse.

personnage dont le profil ne semble plus correspondre à celui de l'entrepreneur naïf pris dans les griffes d'affairistes insulaires, voire du milieu corse. Les policiers révisent leur jugement à mesure qu'ils progressent. Avant de développer ses affaires dans la région d'Ajaccio, dans la périphérie du Petit Bar, l'intéressé entretenait des relations amicales avec les familles Patacchini et Voillemier, présentées par la justice comme des membres du deuxième cercle de la Brise de mer, le gang mafieux qui a dominé la Haute-Corse des années 1980 aux années 2010.

Les frères Patacchini ont été notamment poursuivis, avant d'être acquittés, dans l'affaire du casse historique de l'UBS en 1990 à Genève, attribué à la Brise de mer. Ce sont d'ailleurs eux qui ont fait le lien entre Collin et la famille Carta, *via* le père, Émile. Les éléments des surveillances et filatures montrent que le Franco-Suisse a continué de maintenir le contact avec les Patacchini alors qu'il est installé dans la région ajaccienne et fréquente assidûment les Carta. On le voit très proche des deux frères à l'occasion d'obsèques.

Les autorités judiciaires et administratives sont alertées sur la sensibilité de l'affaire, mais le départ du juge Cotelle dans une autre juridiction laisse le dossier en déshérence, alors qu'il semblait prometteur et aurait mérité de plus amples investigations. Ce travail avorté aura laissé en suspens une question qui hante encore ceux qui ont travaillé sur l'affaire : « Est-ce que l'argent de Collin lui appartient vraiment ou n'est-il, depuis toutes ces années, qu'un petit télégraphiste d'intérêts occultes[1] ? »

Piégés par la technologie

Ainsi, un financier international a pu être en contact avec la Brise de mer, en Haute-Corse, puis entrer vingt ans plus tard dans la sphère d'influence du Petit Bar, en Corse-du-Sud. Il faut dire qu'en 2019, les Ajacciens considèrent qu'ils appartiennent au gratin de la pègre insulaire. À tel point qu'ils ont fini par se croire invincibles, capables de déjouer les techniques de surveillance en se parlant par l'application FaceTime. Ils s'appuient désormais sur des affidés qui agissent pour eux sur le terrain criminel comme financier. Ce qu'ils ignorent, c'est que, faute de pouvoir intercepter leurs échanges téléphoniques, les policiers ont fini par poser des micros dans les lieux privés qu'ils fréquentent dans la capitale : appartements, véhicules, chambres d'hôtel…

La sonorisation du deux-pièces parisien de Mickaël Ettori, du 31 janvier 2019 au 28 septembre 2020, s'avère

1. Propos recueillis auprès de l'un des enquêteurs chargés des investigations dans le dossier Collin. Néanmoins, tous les éléments rapportés dans cette affaire étant toujours à l'instruction, en mai 2022, et Jacques Collin comme Johann Carta ne faisant l'objet d'aucune poursuite dans ce dossier, ils doivent tous les deux être considérés comme présumés innocents des soupçons formulés par la justice et, à ce jour, jamais étayés judiciairement. M. Carta, qui avait souhaité, dans un premier temps, livrer sa version des faits, n'a plus donné suite aux demandes transmises par l'entremise de son avocat, d'entendre sa vérité. Joint par messagerie, les 28 et 29 mars 2022, M. Collin a accusé réception des questions circonstanciées sur lesquelles l'auteur souhaitait entendre sa version des faits. Il s'est refusé à tout commentaire sur l'enquête judiciaire en cours et n'a pas donné suite aux relances successives.

une mine d'or. La pêche est tout aussi miraculeuse chez Jacques Santoni, rue de Vaugirard puis rue de Rennes à Paris. Ces enregistrements – des milliers d'heures au total – offrent une plongée inédite au cœur de la bande. Ils montrent à quel point ses cadres se sont relâchés et n'ont pas anticipé l'offensive judiciaire tous azimuts, criminelle et financière. Surtout, ils prouvent que Santoni n'avait pas tort, en novembre 2019, de craindre devant ses troupes que l'argent ne leur « monte à la tête »...

À partir de décembre 2019, les enregistrements attestent l'achat d'une machine spéciale pour mettre sous vide les liasses de billets, toujours plus nombreuses. « Certaines opérations de comptage peuvent durer une heure », écrivent les enquêteurs. Un jour, Ettori s'adressant à un visiteur donne une idée des bénéfices engrangés par jour ouvré : « Tu sais ce que ça fait, 6 000 tous les jours ? Ça fait 120 000 par mois. » Une autre fois, alors que Santoni lui demande ce qu'ils vont toucher, ce même Ettori répond : « Une tonne. »

Si la police les suspecte de tirer ces profits du trafic de drogue, comme dans le passé, rien n'étaye cela à ce stade de l'enquête. En attendant, le mot « tonne » a de quoi troubler, mais il semble satisfaire le chef du Petit Bar, qui conclut : « Ça fait un bâton par saison [...], c'est beau. » Qu'entend-il par « saison » ? S'agit-il de 1 ou de 4 millions d'euros par an ? Les sommes sont telles que certains peinent à le croire. « C'est comme un tsunami ! » lance ainsi Pascal Porri. Plus tard, Santoni encore : « 200 000 euros, c'est une paille. »

La folie des grandeurs

Les policiers chargés de les surveiller constatent que l'afflux d'argent a modifié les comportements des membres de la bande. Ils mènent la belle vie, et une grande partie du groupe dépense sans compter, se croyant à l'abri des regards. Un jour de mai 2019, Santoni donne 1000 euros de pourboire à un groom; un autre, il déjeune avec sa femme, Sonia, au Crillon, un palace parisien, place de la Concorde. Le 25 juin 2020, au restaurant trois étoiles Ledoyen, les hommes du Petit Bar ouvrent un sac plein de liasses au moment de l'addition. Le serveur témoigne n'avoir vu « que des billets verts [de 100 euros] ».

Rien n'est trop beau pour ces apprentis nababs : Chanel, Hermès, montres et voitures de luxe. Parlant de son ami Porri, Santoni résume : « Il a des chaussures à 2000, des montres à 40000, une voiture à 200000. » Selon la justice, « la profusion était telle que certains étaient parfois gênés de n'avoir que des billets de 500 euros. Ainsi, le 10 mai 2019, Jacques Santoni demande à Mickaël Ettori s'il a de la monnaie, car sa femme souhaite aller boire un verre avec des amis. »

Les enquêteurs pensent même que cette « embellie » – le mot est de Santoni – a pu créer des dissensions au sein du noyau dur de la bande. Fin 2018, Pascal Porri s'agace devant Jacques Santoni : « Tu décides de rien, hein ! On est cinq et basta. » Mais le chef impose sa loi : « C'est moi qui ai le flouze, c'est pas toi, hein ! C'est moi qui décide, tu es un exécutant. Il faut connaître sa place dans la vie. C'est tout. » La conversation s'arrêtera là. Entre eux, les disputes sont généralement sans lendemain. Ils forment la tête du Petit Bar, «le cerveau et le bras armé», résument les policiers d'Ajaccio.

Le Petit Bar perd la mesure

Le quotidien des membres du Petit Bar n'a plus grand-chose à voir avec celui de leurs prédécesseurs. Jean-Jérôme Colonna, parrain de la génération précédente en Corse-du-Sud, restait dans son fief de Porto Pollo et ses environs, partagé entre la chasse, sa famille et son rôle de juge de paix. Cette prudence ne l'empêchait pas de toucher sa part sur des affaires, en Corse et sur le continent, mais il jugeait plus sage de se tenir ainsi en retrait. Quant aux barons de la Brise de mer, en Haute-Corse, ils avaient beau mener grand train sur leurs terres et contrôler la moitié de l'île, ils évitaient de narguer les autorités à Paris.

Il faut dire qu'à l'époque, dans les années 1980-1990, et même 2000, l'État luttait avant tout contre les nationalistes, sans trop se soucier de la mafia insulaire. Enfin, qu'il s'agisse de Jean-Jé ou de la Brise de mer, tous savaient entretenir des liens parallèles avec les institutions, services de police ou de renseignement, un jeu trouble destiné à mieux connaître l'ennemi. Ceux du Petit Bar ont, eux, toujours refusé ces contacts informels.

Pendant près de deux ans, ces micros espions invitent ainsi les policiers à la table du crime organisé. Ils en découvrent la richesse, les investissements immobiliers haut de gamme, les montages et flux financiers complexes transitant par l'étranger. Dans ce dossier, ils chiffrent le montant des opérations de blanchiment à 48 millions d'euros. Cela ne semble pas suffire aux membres du Petit Bar qui en veulent davantage.

Au printemps 2019, Pascal Porri reproche à Mickaël Ettori de «trop préserver» les personnes qui servent leurs intérêts : «Pour le moment, à chaque fois qu'on a fait des trucs, des politiques, [on fait] des si, des là, mais maintenant, on ménage plus personne. On va faire comme on veut, on se trompe, tant pis, on fout tout en l'air, tant pis.» Ettori ne le voit pas de cet œil : «Ne me demandez pas d'aller voir des gens alors, si c'est pour avoir ça.» Le 28 mars 2019, il ajoute : «Nous, on a besoin des gens, Pascal !»

Le Petit Bar veut «monter le curseur». Le plus exposé est sans conteste Antony Perrino, qui a notamment construit la résidence Albert-Ier et accordé un modeste loyer à Pascal Porri. Cet entrepreneur en vogue, acteur clé du BTP insulaire, va payer cher cette proximité. D'après les enquêteurs, il aurait joué le rôle de «vitrine légale, de tête de pont officielle et de prête-nom indispensable pour pénétrer la sphère économique». Il a fini par être incarcéré, le 28 janvier 2021, à la prison de Luynes (Bouches-du-Rhône). Une première pour un chef d'entreprise de cette envergure. Il y restera neuf mois avant d'être remis en liberté, toujours mis en examen[1].

La présence directe d'un membre de l'entourage du Petit Bar dans les affaires Perrino n'a été détectée, par la justice,

1. Ce dossier est toujours à l'instruction au moment de la rédaction de cet ouvrage; l'ensemble des personnes poursuivies, dont Antony Perrino, doivent être considérées comme présumées innocentes des faits qui leur sont reprochés.

qu'au Plessis-Robinson, dans les Hauts-de-Seine. Associé au programme «Le domaine de Pénélope» construit sur cette commune, Jean-Simon Casanova, présenté par la justice comme un proche de Jacques Santoni, connaît bien le sénateur et maire (LR) de la ville, Philippe Pemezec, marié à une Corse et propriétaire d'une maison dans le golfe d'Ajaccio. «J'ai rencontré M. Perrino, qui est très professionnel, explique pour sa part M. Pemezec, il intervient sur un ensemble de 150 à 200 logements. Quant à M. Casanova, il a failli être mon beau-frère, je le connais depuis vingt ans. On se voit à Paris et en Corse, il ne m'a jamais rien demandé – on a souvent tendance à exagérer les choses sur la Corse…»

Pour Perrino, il ne s'agit plus d'un passe-droit sur un loyer. Ses liens avec le Petit Bar font écho à une histoire plus large et ancienne, celle de l'emprise mafieuse sur la société insulaire. Cet homme de 42 ans, éduqué et intelligent, est aussi actif dans le transport maritime et aérien, les médias et le football. Ses activités ont beau être multiples, il parvient à consacrer du temps à cette «vieille amitié» avec Ettori, qu'il a revendiquée devant les policiers. Mais l'avenir dira si ce jeune patron a été pris au piège de l'amitié et d'un système mafieux ou non. Alors qu'il accordait déjà ouvertement de nombreux avantages du Petit Bar, notamment le prêt de voitures, Porri se fâche, fin mars 2019, en estimant que l'entrepreneur «raconte des histoires sur des grosses pertes financières [300000 euros] à Bonifacio», et il reproche à Mickaël Ettori d'être «trop gentil» avant de lui ordonner de «monter le volume».

Si l'amitié d'Antony Perrino pour Mickaël Ettori paraît réelle, ce dernier semble tout de même exercer une forme de contrôle sur lui. Quand l'entrepreneur veut vendre sa Porsche, en juillet 2019, il demande la permission à Ettori. «Le patron, c'est moi», dit alors Ettori au détour d'une conversation avec Santoni, comme pour lui prouver qu'il est bien à la manœuvre sur le cas Perrino. Et quand celui-ci utilise la Porsche pour partir en week-end, Pascal Porri en fait grief à Ettori, comme s'il avait mal géré la situation – «Oh, t'es pas une merde, toi? Il est parti avec ses enfants avec la Porsche?» –, laissant entendre que cette voiture serait, en réalité, la propriété du Petit Bar et non de l'entrepreneur.

Dans cette affaire, les policiers ont pu, l'espace d'un instant, distinguer une part de vérité sur la relation de Perrino avec le Petit Bar grâce à la mise sur écoute de l'une de ses relations proches. Le 24 mars 2020, dans une conversation avec une autre personne, celle-ci relate les confidences de l'entrepreneur corse : «La dernière fois, il m'a dit : "De toute façon, je m'attends à ce qu'ils [les policiers] arrivent et qu'ils m'arrêtent à un moment ou à un autre." Il m'a dit : "[mais] je suis obligé de faire des [inaudible]". C'est sa vie [...], il a des amis qui sont la tête pensante de la mafia, il les défend, il ira jusqu'au procès.»

Sur d'autres personnes, le Petit Bar met la pression à l'ancienne, à la manière des voyous qu'ils sont. Les enquêteurs apprennent que Pascal Porri a convoqué Antoine Maestrali, le directeur de cabinet du maire d'Ajaccio, Laurent Marcangeli, après le refus d'un permis de construire pour un roof top au-dessus du bar du casino, l'Entracte. La pression est alors directe, aux yeux de tous, un signe de toute-puissance et une mise en danger pour le bras droit du maire, qui résiste, même s'il passe un mauvais moment. Car, sur cette île, la menace peut se payer cher. En Corse, depuis le début des années 1980, les voyous ne sont pas les seuls à mourir sous les balles des criminels.

Jacques Santoni se croyait-il à ce point invulnérable pour ne pas voir qu'il fragilisait ainsi son système ? Son handicap rend certes son état peu compatible avec la détention. Peut-être comptait-il aussi sur ses informateurs au sein des services de l'État, que l'on devine au gré de discussions enregistrées. Le 28 mai 2019, il évoque, par exemple, « un contact policier à la BRI, qui doit partir à la retraite dans deux ans », qui l'informe sur les enquêtes en cours. Une autre fois, lors d'un décompte de sommes distribuées, on entend : « Vas-y, fais les comptes, tu peux dire tout haut, on a donné 30 000 à un des juges, qui est une louche. » Si d'autres fonctionnaires ont été identifiés et poursuivis pour avoir informé le Petit Bar, ceux-là demeurent inconnus.

Au fond, à entendre Santoni, il n'existait qu'un seul vrai risque : la création, à l'automne 2019, de deux collectifs anti-mafia, baptisés « *A maffia no, a vita iè* » (« non à la mafia, oui à la vie ») et « Massimu Susini », du nom d'un jeune nationaliste tué dans sa paillote. Des initiatives citoyennes qui ne pouvaient pas, dit-il lors d'un enregistrement, rester sans réponse judiciaire. « S'il y avait pas eu de collectifs, ils [les policiers] seraient jamais venus nous chercher. Ils sont obligés de répondre à l'opinion. Quand on crie toute la journée : "La mafia, la mafia, il faut saisir leurs biens, comme en Italie, il faut faire des lois", ils viennent chez les voyous. [Or], c'est nous les voyous, ça c'est vrai[1]. »

Les taupes du Petit Bar

Au bout de deux ans de surveillance, la justice lance un vaste coup de filet contre le Petit Bar. Prévu le 28 septembre, il mobilise une centaine de policiers en Corse, sur le continent et en Suisse – de quoi porter un coup sévère aux maîtres de la Corse-du-Sud. Pourtant, trois jours plus tôt, au domicile de la femme de Pascal Porri, qui reçoit des amis, se joue une scène qui montre les capacités de la mafia corse. Alors qu'elle tente de réserver une table dans un restaurant, son appel est systématiquement redirigé vers un message automatique puis arrive sur un répondeur. Elle essaie à dix reprises. Cette technique permet aux policiers qui ont placé son téléphone sur écoute d'entendre les discussions qui se tiennent autour d'elle pendant son attente.

« Moi je sais ce que je vais faire [...]. P't'êt que je vais y aller », dit un homme à l'accent corse et à la voix grave, tout

1. Le 29 janvier 2021, face aux juges, Jacques Santoni n'a rien répondu sur les accusations de blanchiment aggravé, d'extorsion de fonds, d'association de malfaiteurs et de non-justification de ressources, ni aux soupçons de tentative d'assassinat contre un concurrent à Ajaccio. Tout juste a-t-il qualifié ces soupçons d'« assemblages, de raccourcis, de manipulations » et de « délires ». En revanche, il a dénoncé les conditions de sa garde à vue au regard de son handicap et les mesures coercitives prises à l'encontre des épouses, y compris la sienne, des membres du Petit Bar. « Cela fait trente ans que je rencontre des juges, mais des juges malsains, tordus, dangereux et tricheurs, c'est une première pour moi. Même pas un chien pourrait subir ce que j'ai subi. Il faudrait arrêter de me donner des leçons de vie. Je suis peut-être ce que je suis ou peut-être pas, mais je ne m'en prends ni aux femmes ni aux enfants. »

en s'inquiétant qu'il n'y ait personne quand les policiers arriveront chez lui. La femme de Pascal Porri lui répond : « Ils prennent un voisin, ils font la perquisition avec, ils ont déjà fait. Moi, ils m'avaient pris la voisine, sur le cours Napoléon. » Cette voix grave à laquelle elle s'adresse n'est autre que celle d'André Bacchiolelli, un des quatre membres du noyau dur du Petit Bar. Les piliers du Petit Bar ont été informés de l'arrivée des policiers, lesquels se présentent donc, au petit matin du 28 septembre, dans des maisons vides[1]. Seul Jacques Santoni, du fait de son handicap, n'opte pas pour la fuite.

Trahison familiale

Faute d'avoir pu interpeller le cœur de la bande, la justice ratisse large autour du noyau dur – les parents, les femmes, les affidés. Elle entend couper le Petit Bar de tous ses soutiens, dans l'espoir de créer des brèches. La surprise viendra du cercle familial le plus proche de Jacques Santoni. Deux jours après les arrestations, sa belle-mère, Marie-Ange Susini, vide son sac dans l'appartement parisien où vivent sa fille et son gendre. Les micros espions de la police enregistrent des conversations qui trahissent sa profonde colère. « Quant aux amis de mon gendre, ils sont

1. Pascal Ettori, André Bacchiolelli et Mickaël Ettori partent en cavale la veille du 28 septembre 2020. En mars 2022, seul Ettori n'a toujours pas été arrêté. Ce dossier étant toujours à l'instruction au moment de la rédaction de cet ouvrage, l'ensemble des personnes poursuivies doivent être considérées comme présumées innocentes des faits qui leur sont reprochés.

partis aux champignons [en cavale], s'emporte Mme Susini. MM. Bacchiolelli, Porri et Ettori, eh ben, j'espère qu'on les rattrapera tout de suite. Ces gens-là, je veux pas les connaître, parce que depuis que ma fille a 18 ans, je l'ai au fond de moi, ce souci permanent qu'elle m'a imposé. Et j'estime que je ne méritais pas qu'elle m'impose ça[1]. »

Marie-Ange Susini est une notable de province. Cette ancienne adjointe au maire d'Ajaccio et ex-élue territoriale (DVD) a longtemps été directrice régionale au droit des femmes à la préfecture de région. Interlocutrice des préfets sur l'île, elle s'est occupée de la veuve de Claude Érignac après l'assassinat de ce dernier par des nationalistes, en 1998. Des années plus tard, elle est devenue proche de Josiane Chevalier, représentante de l'État d'avril 2018 à janvier 2020, année où elle est partie à la retraite.

Mme Susini n'a rien d'une admiratrice des voyous. Elle porte comme un fardeau le fait d'être la belle-mère de Jacques Santoni. Son courroux vient de loin. Voilà des années qu'elle reproche au couple sa vie si particulière. Cette fois, sa colère est décuplée par le fait que son propre fils, Jean-Laurent, se retrouve poursuivi pour des faits de complicité de blanchiment. Le 3 octobre, dans cet appartement parisien, Mme Susini s'emporte de nouveau : « Alors que déjà ma fille était abîmée, maintenant même mon fils, alors ça me dégoûte, et [...] je sais pas si je pourrai continuer à vivre là-dedans, c'est pas ma vie, pour moi, ça ne peut pas exister, les criminels. »

---

1. Procès-verbal de la retranscription du 30 septembre 2020, dispositif de sonorisation domicile Santoni-Susini, rue de Rennes, Paris 6e.

Marie-Ange Susini s'indigne. S'adressant à sa fille, elle poursuit : «Je n'arrive pas à accepter physiquement, quand je me réveille, tout d'un coup, je réalise que c'est ça, c'est la vérité que [je vais] vivre. Voilà, et tout ça fait qu'on me plonge dans un monde qui n'est pas le mien. J'ai honte. J'ai honte, quand je passe en ville [à Ajaccio], j'ai toujours honte.» Alors que sa mère continue de lui reprocher ses choix de vie, la jeune femme plaide «le respect» au regard des «problèmes» qu'ils doivent affronter avec la justice. «Des problèmes de mafia, je ne peux pas les respecter», réplique Marie-Ange Susini, malgré la présence de Jacques Santoni dans la pièce.

Rien ne paraît pouvoir arrêter l'ancienne élue. Elle dénonce l'implication du Petit Bar dans le trafic de drogue pour lequel les piliers de la bande ont été condamnés. «Stéphane [Raybier], je l'ai vu porter les sacs de drogue, allez ça suffit, hein, de ceux qui veulent se faire prendre pour des saints, ben oui, il a empoisonné la planète lui aussi.» Après avoir laissé sa belle-mère s'exprimer, Jacques Santoni finit par prendre la parole. On sent la voix tendue de l'homme en fauteuil roulant. «Par rapport à quoi vous avez honte? Et votre mari, vous n'avez pas honte quand vous passez dans la rue, de vous faire interpeller parce qu'il a escroqué la moitié de la ville et vous a attribué tous les problèmes? [Vous avez plus honte] de votre gendre qui fait sa vie comme il a envie de le faire. [...] Sur les voyous, moi ce que je vois, c'est que quand tout va mal, il y a un problème. Mais quand tout va bien, ça sert tout le monde.»

Dans ce huis clos familial, les policiers devinent Marie-Ange Susini au bord des larmes, surtout lorsqu'elle évoque l'avenir de ses petits-enfants, dont le quotidien ne ressemble déjà pas à celui des autres. « Nos enfants, ils ont des pères, rétorque froidement Jacques Santoni, c'est des voyous, pas des voleurs, et c'est un métier. » Ce à quoi sa belle-mère répond : « Pendant ce temps, il y en a qui sont médecins, boulangers. » Il n'est pas commun que les enquêteurs soient témoins de telles discussions[1], des mots à l'état brut, offrant, sans filtre, une vision sur la vie intime d'un crime organisé corse qui montre combien ses racines sont anciennes et profondes.

1. Interrogée le 11 janvier 2021, Marie-Ange Susini n'a pas démenti le contenu de ses propos mais n'a fourni aucun élément à charge sur les affaires du Petit Bar. Par ailleurs, elle a apporté des réponses sur le fait qu'elle n'avait, à cette date, payé qu'un tiers des 300 000 euros de travaux réalisés dans l'un de ses biens immobiliers, à Ajaccio, par le groupe Perrino, en 2018. Elle a assuré qu'elle n'avait bénéficié d'aucun passe-droit et qu'elle attendait le produit de la vente d'autres biens pour régler cette dette. Elle ne faisait, lors de la rédaction de cet ouvrage, l'objet d'aucune poursuite.

Chapitre 2

La mafia prend ses quartiers en Corse

Corse-du-Sud

En ce début 2006, Robert Feliciaggi rumine sur son sort. Pourquoi tant d'acharnement ? Il estime avoir dépensé une fortune depuis dix ans pour faire le bien, en Corse comme en Afrique. Il ne compte plus les fois où, sans son aide et celle de sa famille, la France aurait vu ses intérêts économiques reculer sur le continent africain. Peut-être est-ce une affaire de tempérament. Il est né le 15 mai 1942 à Cape Town, en Afrique du Sud, et a grandi au Congo, le pays d'adoption de ses parents, une terre où la générosité suscite rarement l'ingratitude. Comment a-t-il pu, se demande-t-il, devenir ainsi un bouc émissaire du fisc et de la justice française ?

Après des années fastes, il est devenu un peu amer. Même ses costumes sont moins tape-à-l'œil qu'avant. S'il consacre désormais l'essentiel de son temps à ses mandats de maire et de conseiller territorial en Corse, il monte tout de même à Paris, deux à trois fois par mois, notamment pour suivre ses dossiers fiscaux et judiciaires. Son grand appartement, quai des Grands-Augustins, en bord de Seine, le laisse de plus en plus souvent indifférent, contrairement à La Trémoille, un hôtel de luxe près de l'avenue Montaigne, dans un quartier où il a ses habitudes et organise ses rendez-vous. Souvent sollicité pour investir dans des projets en Afrique, il ne donne presque jamais suite.

Ses retours au Congo se font plus rares. Le pays a changé, après avoir traversé une période économique difficile. Les hommes au pouvoir sont désormais des quadragénaires, de l'âge de son fils, Jean-Jérôme, pour qui il veille encore à consolider les affaires familiales afin de lui transmettre le flambeau, et pouvoir ainsi se concentrer sur la Corse. Son unique enfant a créé avec des amis une société de matériaux de construction au Congo, mais il montre plus d'intérêt pour une carrière dans les jeux aux côtés de Michel Tomi, celui qui fut pendant des années le « frère d'armes » de son père, lorsqu'ils firent fortune en implantant le PMU en Afrique occidentale.

Selon un rituel bien ancré, Robert Feliciaggi arrive à Orly, le 7 mars, avec l'avion de 17 heures. Entre un rendez-vous avec son avocat, rue Monceau, et quelques visites, son séjour est essentiellement consacré à un ami de jeunesse, Emmanuel Yoka, devenu ministre d'État du Congo-Brazzaville et directeur de cabinet du président congolais Denis Sassou-Nguesso. Yoka étant de passage en France pour raison personnelle, il le voit à plusieurs reprises. Le vendredi 10 mars, il le retrouve une dernière fois dans un restaurant marocain en face de l'hôtel de

La Trémoille en compagnie d'un chef d'entreprise brésilien pour évoquer l'éventuel retour de sa société au Congo après une mauvaise expérience. En fin de journée, Robert Feliciaggi est de retour à Orly pour rentrer sur son île.

Vers 23 heures, lorsqu'il sort de l'aéroport Campo-Dell'Oro (Corse-du-Sud), il paraît tranquille, sans méfiance, selon ceux qui se souviendront l'avoir vu descendre de l'avion. Cinq minutes plus tard, alors qu'il range son bagage dans le coffre ouvert de sa BMW stationnée sur le parking, il ne perçoit rien de l'homme qui s'est approché dans son dos. L'arme pointée derrière sa tête, à 80 centimètres, ne lui laisse aucune chance. Deux balles sectionnent la moelle épinière et seront fatales. Le tueur, vêtu d'un coupe-vent de couleur sombre, le visage dissimulé sous une capuche, prend la fuite en courant et se faufile entre les locaux des loueurs de voitures pour rejoindre un 4 × 4 qui l'attend[1].

Les coups de feu ont alerté d'autres passagers, qui découvrent le corps sans vie au pied du véhicule. Dès l'annonce de la nouvelle, l'émotion est vive sur l'île. La colère saisit ses proches, comme l'avocat et ancien bâtonnier Antoine Sollacaro : «Je suis persuadé qu'il a été tué à titre de symbole, pour atteindre d'autres personnes. On est en train de saper les soutiens de quelqu'un présenté de façon abusive et excessive comme un parrain en Corse-du-Sud [Jean-Jérôme Colonna]. Il ne faudrait pas que Feliciaggi devienne un autre cadavre exquis d'un supposé grand banditisme auquel il n'appartenait pas.»

---

1. Rapport d'enquête de flagrance, 14 mars 2006.

Le député-maire (PRG) de Bastia et ancien ministre, Émile Zuccarelli, s'écrie également que « le temps des assassins perdure ». Trois jours plus tard, deux mille personnes se pressent aux obsèques, à Pila-Canale, petite commune dont Feliciaggi était maire. Le cercueil sort de l'église Saint-Pancrace recouvert des drapeaux du Congo, de la France et de la Corse. Caché derrière de grandes lunettes fumées, vêtu d'un col roulé noir et d'un long manteau, le même Jean-Jérôme Colonna, le parrain de la Corse-du-Sud, ne cille pas quand l'évêque lance à l'assistance : « Ici, ça n'est pas le rassemblement de gens parfaits, mais que Dieu pardonne nos péchés. »

Puis, pas le moins ému, Emmanuel Yoka, qui avait déjeuné avec Feliciaggi le jour de sa mort, prend la parole d'une voix digne et claire. L'expression de son visage dit toute son incompréhension face à de tels événements. Ses mots claquent et racontent mieux que les propos convenus des autorités religieuse et administrative présentes sur place, combien cette île est malade de la violence, combien ceux qui en vivent ont sapé les fondements d'une société saine et combien la pègre pèse sur le pouvoir politique. « Robert mon ami, Robert mon frère [...], tu aurais dû choisir de vivre en terre africaine, là où tu es né, là où la vie humaine est sacrée, là où on craint Dieu et là où on ne peut pas impunément défaire ce qu'il a fait. »

Robert l'Africain

C'est vrai qu'il aurait pu vivre en Afrique. Son attachement à ce continent n'était pas fortuit. Son grand-père était juge de paix au Congo dans les années 1910-1920, son père était directeur des Postes et Télécommunications à Pointe-Noire, la deuxième ville congolaise sur la mer. Sa mère, professeure au lycée, a vu passer dans ses classes une grande partie des futurs dirigeants du Congo. Leurs enfants, comme Emmanuel Yoka, étaient à l'école avec Robert Feliciaggi. Des relations personnelles qui faisaient de lui un Africain. «Il en avait le mimétisme, le même vocabulaire, c'était fascinant et il parlait leur langue», s'exclame l'un de ses amis proches[1], peu de temps après sa mort.

Après des études à Brazzaville, au Congo, il est envoyé par ses parents à la faculté de droit d'Assas, à Paris, avant de revenir, au milieu des années 1960, au Congo pour faire des affaires avec ses anciens camarades composant désormais l'élite politique du Congo, mais aussi d'autres pays d'Afrique. Les Feliciaggi vont faire fortune dans la pêche, l'import-export, le transport de matériaux de construction et la gérance d'un hôtel gouvernemental, lieu idéal pour conforter un réseau d'amitiés et d'intérêts.

1. Georges Feldhandler, audition en qualité de témoin, 12 mars 2006.

Le clan Colonna

Les liens des Feliciaggi avec la Corse n'ont jamais été rompus. Outre les parents restés sur l'île et la famille de Marie-Antoinette, la femme de Robert, son père, Pancrace Feliciaggi, était, dans l'immédiat après-guerre, maire de la commune de Pila-Canale (Corse-du-Sud). Mais ce souvenir résonne encore comme une blessure dans la mémoire familiale car Pancrace n'a pas lâché la mairie de son plein gré. Il a été invité à laisser la place, au début des années 1950, à Jean Colonna, dit «Jean-Jean», l'oncle du futur parrain de Corse-du-Sud, Jean-Jé Colonna.

Jean-Jean Colonna, né le 12 février 1913 à Pila-Canale, a été une figure de Montmartre où il possédait plusieurs bars, devenus, pour certains, des repaires de la pègre corso-marseillaise. Revendant une partie de ses affaires parisiennes au début des années 1950, Jean Colonna revient s'installer en Corse et s'enracine dans la vie politique locale sans quitter le monde du grand banditisme. Il participe, entre 1952 et 1955, à une affaire de contrebande de cigarettes en Méditerranée, dite du Combinatie, qui tourne mal. Il perd ses deux jambes, à Ajaccio, atteint par une rafale de mitraillette alors qu'il tente de se cacher sous une voiture.

Cette infirmité n'enlève rien à son caractère violent et à son influence locale. Mélange de mafieux et de chef de clan traditionnel, il s'impose comme un personnage politique. Maire de Pila-Canale et conseiller général, il accède même aux fonctions de vice-président de l'Assemblée territoriale de Corse. Le criminel ne vit pas au ban de la collectivité, il est déjà un acteur de la vie publique tout aussi légitime que l'honnête homme, tout en conservant son pouvoir de terreur par la violence. Ici, l'État n'est pas totalement chez lui et la justice privée se substitue souvent à celle rendue au nom du peuple français. Pègre et politique peuvent faire bon ménage.

En 1958, le parquet du tribunal d'Ajaccio ouvre, après avoir reçu des informations convergentes, une enquête préliminaire sur une affaire de «trouble électoral» lors d'un scrutin cantonal. La famille Francisci, qui a fait fortune dans les jeux, alliée du clan Colonna, a eu maille à partir avec un métayer qui réclame son dû après avoir fait voter toute sa famille (une vingtaine de personnes) pour Jean Colonna. En réalité, la somme exigée est trop élevée. L'enquête est classée sans suite, notamment parce que Jean-Jean n'a pas été élu au conseil départemental. Il le sera plus tard.

En bon chef de clan et fidèle à la culture féodale de la Corse-du-Sud qui ne jure que par les liens du sang, il veille à sa succession, qui se porte sur un neveu ayant fait les mêmes choix de vie que lui, Jean-Baptiste Jérôme Colonna, dit «Jean-Jé», né le 24 juin 1939 à Sartène. C'est l'un des quatre enfants de son frère, Jacques Colonna, négociant en huile, tué dans le cadre des suites de l'affaire du Combinatie, et de Marie-Antoinette Filoni, employée des Postes. Lui aussi a tenu un bar, mais à Marseille, avant de s'évader de prison, dans les années 1970, et de partir en cavale pour échapper à la justice qui le cherche pour son rôle dans le trafic d'héroïne en direction des États-Unis. Un réseau connu sous le nom de «French Connection».

Au milieu des années 1980, du lointain passage d'un Feliciaggi à la tête de la commune de Pila-Canale ne subsiste dans le village qu'une vieille fontaine que tout le monde a oubliée. Le 3 août 1985, la longue cavale de Jean-Jé Colonna prend fin à la faveur d'une prescription de l'action publique et des peines, une procédure soigneusement suivie par ses avocats. Ses longues années de fuite à l'étranger, notamment au Brésil, ne l'ont jamais empêché de se déplacer en Corse. De quoi se tenir prêt à succéder à son oncle. Quatre mois après son retour, le chef du clan Colonna meurt, léguant à son fils spirituel la tête d'un système solidement enraciné. Et si certains verront d'un mauvais œil son retour au pays, il évitera les pièges grâce à l'aide d'amis fidèles appartenant au crime organisé insulaire, rencontrés durant ses années marseillaises.

Le fauteuil de maire de Pila-Canale échoit à son frère, Charles Colonna, qui occupe aussi des fonctions à l'Assemblée de Corse et sera même président de l'agence du tourisme de l'île. Mais, peu à peu, sans l'avouer ouvertement, la famille Colonna constate qu'il n'est pas à la hauteur de la tâche et chercher à lui substituer une personnalité plus en phase avec les attentes de la population locale et de la fonction. Après avoir pensé prendre lui-même le poste de maire, Jean-Jé, faute d'un casier judiciaire sans reproche, propose à Robert Feliciaggi d'assumer cette fonction. L'idée est habile. Il lui offre la possibilité de réparer l'humiliation familiale de l'éviction de son père, et il en fait un affidé. Selon sa cousine avocate, « c'est par respect pour son père Pancrace, qui était resté très attaché à la

Corse, que Robert a voulu s'investir en Corse dans les années 1990[1] ».

D'abord conseiller municipal, il est élu maire en 1994. Jean-Jé tire les ficelles et n'apparaît jamais sur le devant de la scène. Pour s'imposer, Robert Feliciaggi ne lésine pas sur le carnet de chèques : aides financières individuelles, contributions aux associations, financement de clubs sportifs, notamment le Gazelec football club Ajaccio (GFCA), l'équipe ajaccienne sous contrôle du clan Colonna. Président du conseil d'administration du GCFA, il accompagne la remontée du club en 2e division. Lors de ses déplacements en Afrique, c'est souvent sa femme, Marie-Antoinette, qui s'occupe des affaires de la commune.

Sans doute grisé par cette reconnaissance électorale, mais aussi encouragé par le clan Colonna, il pousse son avantage et décroche, aux élections législatives de 1997, le poste de suppléant de Denis de Rocca-Serra, qui donne ses rendez-vous à l'Eden Roc, un hôtel sur la route des Sanguinaires appartenant à la sphère de Jean-Jé. Robert Feliciaggi est réélu, en mars 2004, à l'Assemblée territoriale sur la liste de l'ancien ministre José Rossi, une liste dissidente de celle de l'UMP, et préside le groupe divers droite Union territoriale.

Quand Feliciaggi arpente les couloirs de l'Assemblée territoriale ou les rues d'Ajaccio avec les siens, on ne peut pas le rater. Il porte des costumes de couleur vive, achetés, pour certains, chez Jack Remoli, boulevard Saint-Germain, à

1. Marie-Antoinette Luciani, avocate et cousine de Robert Feliciaggi, audition en qualité de témoin, 13 mars 2006.

Paris, sans doute un vestige de ses années en Afrique, qui lui donnent cet air d'éternel « sapeur corso-congolais ».

Chassés de Pila-Canale par Jean-Jean puis rappelés par son neveu Jean-Jé, les Feliciaggi n'ont pas les moyens de s'opposer à la loi des Colonna. En souhaitant réparer une offense du passé faite à sa famille, en cédant peut-être à la flatterie, Robert Feliciaggi sent-il les dangers d'une telle alliance ? Voit-il à quel point elle peut n'être qu'un lien de sujétion ?

Miramar

Il va, en tout cas, vite découvrir le prix de son irruption dans la vie politique corse. Les cadeaux des Colonna ne sont jamais gratuits. Robert Feliciaggi endosse le rôle de pilier financier du système Jean-Jé. Dès 1997, il doit intervenir pour sauver de la liquidation le quartier général du parrain, un hôtel à Propriano, Le Miramar[1], acquis, en 1989, par la femme de Jean-Jé grâce à un prêt très généreux de la Caisse de développement de la Corse (Cadec). La vente elle-même aurait été forcée, selon la commission d'enquête parlementaire chargée, en 1998, d'examiner l'utilisation des fonds publics en Corse[2].

L'hôtel s'est rapidement endetté. Au 25 octobre 1995, la Cadec compte 12 millions de francs de créances sur

1. L'hôtel Le Miramar a depuis changé de propriétaire et n'est plus lié aux protagonistes de l'ouvrage.
2. Présidée par Jean Glavany, vice-président (PS) de l'Assemblée nationale, cette commission a remis son rapport le 9 septembre 1998 au Premier ministre Lionel Jospin.

l'établissement. Faute de recouvrement de la dette, la Cadec est contrainte d'engager, le 7 mars 1996, une vente judiciaire à la bougie d'un genre particulier. Le seul acheteur, pour une somme modique, 3 millions de francs, est l'avocat de la Cadec, qui s'empresse d'écrire à la femme du parrain qu'elle peut poursuivre l'exploitation jusqu'à la fin de la saison touristique. Le neveu du parrain corso-marseillais Paul Mondoloni, proche ami de Jean-Jé, abattu en 1985, reprend l'actif puis en cède une bonne part à Robert Feliciaggi.

Les liaisons dangereuses de Feliciaggi

Lorsqu'il rapatrie en Corse l'étendard familial des Feliciaggi, il a également entamé un autre tournant dans sa vie. Il s'est associé, tout d'abord, avec Jules Filippeddu, pilier d'une famille de Bonifacio très présente dans les machines à sous en Afrique et en Amérique du Sud. Puis il intègre dans l'aventure un autre Corse, Michel Tomi. Tous deux ont lié leurs destins en 1990 sur un précepte simple : Feliciaggi connaît l'Afrique, Tomi est un spécialiste des jeux. Né à Alger en 1947, Tomi a fait ses classes de croupier à Monaco avant d'être employé, en 1968, à Paris, dans les cercles de jeux tenus par la famille Francisci, dont il est l'un des affidés. Il poursuit dans les casinos à Nice, puis en Espagne, où on lui retire son agrément professionnel pour parties truquées. De retour en France, il est incarcéré dans l'affaire du casino de Bandol. C'est à sa sortie de prison qu'il décide avec Robert Feliciaggi de mettre l'Afrique francophone à l'heure du bon vieux PMU. Une arrivée qui fera fuir Filippeddu du navire.

Un grand nombre d'États de l'Afrique subsaharienne, passionnés par les courses de Vincennes et de Longchamp, adhèrent au système à partir de 1992 – le Cameroun, le Sénégal, le Gabon, le Congo, la Côte d'Ivoire, le Bénin, le Mali, le Tchad et d'autres encore. Les recettes se chiffrent en centaines de millions de francs. Feliciaggi et Tomi sont riches. Mais vers 1998, les premières fissures apparaissent et conduisent à un divorce à l'amiable sous forme de répartition des pays et versement d'indemnités en fonction des actifs. Selon certains policiers des renseignements généraux (RG) chargés de suivre les affaires corses, Robert Feliciaggi a voulu reprendre sa liberté vis-à-vis de Tomi, jugé trop lié à Richard Casanova, un pilier de la Brise de mer, l'autre puissance mafieuse insulaire qui tenait la Haute-Corse. Ils suggèrent même que cette séparation serait liée à un conflit de loyauté vis-à-vis de Jean-Jé Colonna dont l'influence et les intérêts étaient contestés par l'entrisme de Casanova sur les affaires africaines[1].

« C'est faux, rétorque Michel Tomi, cette séparation est juste la suite de désaccords sur la gestion des actifs, et

1. Propos recueillis par l'auteur, décembre 2021. Cet ex-policier des RG rappelle que ce conflit d'intérêts entre Jean-Jé Colonna et Richard Casanova a donné lieu à plusieurs incidents avant la mort de Robert Feliciaggi. En 2005, Jean-Luc Codaccioni, élevé par la famille Tomi après la mort de sa mère, originaire de Porto Pollo (Corse-du-Sud), au cœur du fief de Jean-Jé, est victime d'une tentative d'assassinat. L'enquête n'aboutit pas mais oriente les regards vers des personnes appartenant à la sphère du parrain local. Puis, aux obsèques de Robert Feliciaggi, en 2006, une altercation oppose Jean-Luc Codaccioni, Michel Tomi et l'un des bras droits de Jean-Jé, Ange-Marie Michelosi, qui essaie de leur en interdire l'accès.

d'ailleurs son fils Jean-Jérôme occupe un poste important dans mon groupe. J'avais un lien d'affection avec Richard, je l'ai connu quand il avait 19 ans ; à cette époque, je l'ai même aidé à se faire soigner les yeux. Nous sommes restés proches jusqu'à ce qu'il se fasse tuer en 2008. Je l'appelais "neveu[1]".» L'empereur des jeux en Afrique était-il si libre par rapport à Richard Casanova ? Tomi rejette d'un revers de la main toute idée de contrainte, même subtile, exercée sur lui par ce baron de la Brise de mer, qui a diversifié ses activités en devenant aussi homme d'affaires, intermédiaire pour des entreprises en terrain difficile, tout en poursuivant un dialogue occulte avec certains services de l'État.

Même si ses affaires sont en Afrique, même si elles prospèrent grâce à une alliance nouée avec Tomi, Robert Feliciaggi reste une pièce maîtresse du système Jean-Jé. Il est tributaire des règles de redistribution de la richesse en faveur de ses membres. Un non-dit, souvent présenté comme relevant d'un simple geste d'amitié ou de solidarité, et un mécanisme mis en évidence par la justice monégasque à partir de juin 2000. L'argent gagné par Feliciaggi et Tomi dans les PMU africains était rapatrié sur des comptes numérotés dans des paradis fiscaux. Des centaines de millions de francs transitaient sur une dizaine de leurs comptes au Crédit foncier de Monaco et à la banque Monte Paschi.

1. Propos recueillis par l'auteur, 19 août 2016, Paris.

Feliciaggi arrose le clan Jean-Jé

Les enquêteurs lèvent le voile sur des virements et des retraits d'espèces effectués à partir des comptes de Feliciaggi. Ils découvrent, notamment, le rôle central joué par la Société d'étude et de développement (SED), domiciliée dans un quartier chic parisien où Jean-Jé serait venu[1]. Cette structure a servi de base aux «Corso-Africains» pour mener certaines affaires africaines, notamment des prestations vendues aux PMU du Gabon et du Cameroun[2]. C'est également dans les locaux de la SED qu'ont été gérées certaines des affaires de l'hôtel Miramar[3]. Le fondateur de la SED n'est autre que le président de la Cadec, organisme financier au centre du dossier du Miramar.

La police judiciaire monégasque relève également que «des proches de Jean-Jé Colonna apparaissent comme bénéficiaires des remises de fonds [...], ou comme ayant été salariés de la SED[4]». Parmi eux, Ange-Marie Michelosi, bras droit de Jean-Jé, tué en 2008, aurait reçu de Feliciaggi un versement de 700000 francs. Michelosi est alors le caïd d'Ajaccio et mentor d'une bande criminelle, le Petit Bar, appelée à jouer un rôle de premier plan sur la scène insulaire et nationale du grand banditisme. Jean-Luc Codaccioni, titulaire d'un compte à la Monte Paschi de Monaco, entretient un lien quasi filial avec Michel Tomi. Il sera assassiné

1. Procès-verbal de renseignement, remis par les services d'enquête au juge d'instruction Jean-Christophe Hullin, 15 février 2001.
2. Procès-verbal de synthèse et de transmission, remis par la police monégasque au juge d'instruction Jean-Christophe Hullin, 6 mars 2001.
3. Procès-verbal de renseignement, 15 février 2001, *op. cit.*
4. *Ibid.*

en décembre 2018. Des proches de la Brise de mer apparaissent même sur les bordereaux bancaires[1].

Annemasse

Les investigations monégasques vont croiser une autre enquête, menée à Paris, sur le financement de la campagne électorale du Rassemblement pour la France (RPF), le mouvement de Charles Pasqua, lors des élections européennes de 1999. Par capillarité, selon la justice, le maillon Feliciaggi joue aussi un rôle dans la promotion des intérêts du clan Jean-Jé, y compris avec des autorités politiques au niveau national. Les enquêteurs trouvent des traces de virements de fonds effectués sur les comptes de Feliciaggi et Tomi, montrant un lien entre la vente, en 1994, du casino d'Annemasse et le financement du RPF, sur fond d'autorisation ministérielle pour exploiter des machines à sous.

Entré comme actionnaire minoritaire, le 13 décembre 1991, dans la société du Grand Casino d'Annemasse, Robert Feliciaggi dépose, en 1992, une première demande pour implanter des jeux dans l'établissement. Le ministère de l'Intérieur refuse. En janvier et en mars 1994, Feliciaggi se heurte à deux nouveaux refus. Mais le ministre de l'Intérieur, Charles Pasqua, use alors de son pouvoir

1. Enfin, le dossier monégasque met en lumière l'existence de liens entre l'entourage du groupe criminel le plus important de Haute-Corse, la Brise de mer, et cette mouvance de Corse-du-Sud. « On trouve, affirment les enquêteurs monégasques, la trace de contacts avec le nommé G. A. […], considéré comme un contact du milieu bastiais dans la région niçoise. Son nom a été cité dans des affaires de tricherie en principauté. »

discrétionnaire et rend, le 14 mars, une décision contraire à celle de ses services. Après avoir acquis, le 15 décembre 1994, 90 % des actions, Robert Feliciaggi cède le casino pour 100 millions de francs.

Financement politique

Une partie de cette somme – 7,5 millions de francs – a transité ensuite sur le compte bancaire de la fille de Michel Tomi, avant d'être versée au financement de la campagne de Charles Pasqua pour les élections européennes de 1999, ce que nient les intéressés qui seront condamnés[1]. Les magistrats estiment qu'il s'agit d'une contrepartie financière à l'obtention du droit d'exploiter les machines à sous dans le casino d'Annemasse, autorisation qui a bonifié le prix de vente[2]. La fille de Tomi figurait en 55e position sur la liste de Charles Pasqua. «J'ai été condamné pour corruption alors que le soi-disant corrompu ne l'a pas été», lâche, amer, Michel Tomi[3].

1. Procès-verbal de renseignement, 15 février 2001, *op. cit.*

2. Le 8 avril 2010, la Cour de cassation a définitivement validé les condamnations infligées par la cour d'appel de Paris, le 18 septembre 2009, dans ce dossier. Charles Pasqua a écopé de 18 mois de prison avec sursis pour financement illégal de sa campagne électorale aux élections européennes de 1999, faux et abus de confiance. La justice estime qu'il a bénéficié d'un versement de 1,14 million d'euros en échange de l'autorisation d'exploitation du casino d'Annemasse, accordée à Robert Feliciaggi et Michel Tomi quatre ans plus tôt. Reconnu coupable de corruption active, Michel Tomi s'est vu infliger une peine de 4 ans de prison dont 2 avec sursis. Sa fille, Marthe Mondoloni, a été condamnée à 15 mois de prison avec sursis. Père et fille Tomi ont dû s'acquitter, chacun, d'une amende de 150 000 euros. L'action publique contre Robert Feliciaggi s'est éteinte avec sa mort, en 2006.

3. Propos recueillis par l'auteur, août 2016.

Fin 1993, le casino d'Ajaccio, géré par la famille Cuttoli, des amis de Jean-Jé, obtient également le droit d'exploiter une quarantaine de machines à sous, qui lui permettent de connaître une croissance exceptionnelle de son chiffre d'affaires. En mai 1994, une nouvelle fois, Charles Pasqua passe outre l'avis de la Commission des jeux et donne son accord à la réouverture du casino de Saint-Nectaire, dans le Puy-de-Dôme, dont les principaux actionnaires sont également les dirigeants de celui d'Ajaccio. En 1998, le parquet d'Ajaccio ouvre une enquête préliminaire après une dénonciation de l'organisme anti-blanchiment Tracfin pour des retraits d'espèces suspects des comptes de François et Édouard Cuttoli. Elle sera classée sans suite. Des proches de Robert Feliciaggi tentent également leur chance à Vals-les-Bains, en Ardèche, ou encore à Palavas-les-Flots, près de Montpellier.

Un paradis fiscal sur mesure pour mafieux corses

Enfin, l'enquête monégasque a mis en évidence des liens contractuels, notamment *via* la SED, entre le duo Feliciaggi-Tomi et Pierre-Philippe Pasqua, fils de l'ancien ministre de l'Intérieur, liés par un rêve formulé par Robert Feliciaggi et Michel Tomi au lendemain du succès rencontré avec la création des PMU africains : créer une place financière off-shore à Sao Tomé et Principe[1]. L'idée est même reprise publiquement par Charles Pasqua, en tant que président du conseil général des Hauts-de-Seine, lors de la visite qu'il

1. Procès-verbal de renseignement, *op. cit.*, 15 février 2001.

effectue dans l'archipel en 1992. Une idée contestée par la Banque mondiale, les Nations unies et la Caisse française de développement.

Fidèle à sa règle de discrétion, sans doute nourrie par ses longues années de cavale, Jean-Jé s'est bien gardé de tout commentaire public. Ce type de manifestation ne peut qu'attirer des ennuis et l'attention de la justice, même si en Corse, les voyous ont autant voix au chapitre qu'un élu ou un préfet. Il fera une seule entorse à ce principe, avant sa mort accidentelle le 1er novembre 2006. Dans une longue interview au mensuel *Corsica*, en août 2002, accordée à Gabriel-Xavier Culioli, un universitaire et écrivain rentré en Corse après la mort du préfet Érignac, le 6 février 1998, il dément être « le parrain de la Corse ».

Jean-Jé Colonna se sert avec habileté de l'espace qui lui est offert sans être réellement contredit. Mais sa parole est rare et mérite d'être observée avec attention. Car il pense maîtriser la situation et préserver son monde. En réalité, il en montre plus qu'il ne le croit. C'est bien un chef de clan mafieux à la mode corse qui s'exprime. Il parfait sa légende d'homme ayant pour seul parcours criminel la vengeance des assassins de son père. «Je suis allé voir mon oncle [Jean-Jean Colonna] pour lui dire que j'allais venger mon père [...]. Il m'a regardé sans parler [...], il a seulement incliné la tête et m'a murmuré que je m'engageais dans la voie la plus difficile. »

Une version sans doute un peu enjolivée si l'on en croit un autre pilier du crime organisé corse, Jean-Luc Germani, enregistré, à son insu, par des micros espions de la police. «Jean-Jé a surfé sur cette vague qu'il avait vengé son père...

Mais c'est même pas lui qui les a tués tous. Lui, je crois qu'il en a tué un. Les autres, c'est ses amis et les amis de son père. Il a vécu en Afrique du Sud pendant dix, douze ans, le temps d'avoir sa prescription. Après, c'est lui qui a fait le tampon pour l'Afrique, il a touché plein pot pendant vingt ans. Avec la notoriété qu'il avait, il arrivait à enrôler les gens, il était très fort pour ça. Mais il a jamais fait un braquage de sa vie. Il s'est fait un paquet avec la came. Quand il touchait 100 000, il sortait 20 000 pour ses proches et les 80, c'était pour lui. C'était vraiment le parrain[1]. »

Jean-Jé donne aussi son avis sur la vie politique locale et nationale. «Je pense qu'on a voulu faire croire que Charles Pasqua était un mafieux, les présidentielles [de 2002] étant l'enjeu. Le raisonnement est simpliste : Pasqua est l'ami de Feliciaggi, Feliciaggi est mon ami. Je ne connais pas M. Pasqua, mais peu importe, M. Feliciaggi qui me connaît le connaît, donc Charles Pasqua est un mafieux. »

Comme beaucoup d'élus ayant payé de leur vie une trop grande proximité avec les voyous, Robert Feliciaggi s'est sans doute aussi bercé d'illusions sur cette terre de ces ancêtres trop magnifiée. Il en avait fait un refuge alors qu'il était exposé dangereusement dans des rapports de force entre bandes criminelles par ceux-là mêmes qui vivaient à ses crochets. Quelle sincérité pouvait-il accorder à une fidélité mue par les seuls intérêts financiers? Son absence de méfiance, malgré plusieurs avertissements voilés émanant de ses proches, dont Michel Tomi, montre qu'il se croyait

1. Retranscription d'une sonorisation réalisée au cours de la détention de Jean-Luc Germani à la maison d'arrêt des Baumettes, à Marseille, entre le 2 septembre 2015 et le 2 mars 2016.

davantage l'otage de la justice que celui d'un système mafieux ayant transformé une île en piège. Il en est mort.

Haute-Corse

Paul Natali a, lui, su très tôt qu'il ne partait pas avec les mêmes chances que les rejetons des grandes lignées familiales corses. Son absence de fortune, d'études, et une extraction modeste ont fait de lui un autodidacte souvent meurtri par un regard condescendant. Né le 13 novembre 1933, il lui a fallu compter surtout sur lui-même pour changer de condition sociale, une promesse de revanche qu'il s'est faite dès le plus jeune âge. À peine sorti de l'adolescence, il débute comme simple conducteur d'engins de chantier dans une entreprise de BTP de l'île. Ses deux atouts : une envie féroce de réussir et une constitution robuste, auxquelles s'ajoute un côté arrangeant à toute épreuve qui le fait apprécier de la hiérarchie. De quoi espérer gravir les échelons. Rien ne lui sera donné gratuitement, il lui faut jouer des coudes et trouver des appuis pour espérer faire carrière dans une microsociété où la richesse reste concentrée dans quelques mains bien nées.

Le premier coup du destin lui permet d'accéder à l'encadrement au sein de la société. Le second est sans conteste son mariage avec la fille du P.-D.G., Anne-Marie Antoniotti, qui lui ouvre les portes de la direction de l'entreprise : de quoi montrer, sous les regards de la belle-famille, ce dont il est capable. Il fait du groupe l'un des fleurons du BTP de Corse en privilégiant la croissance externe. Il rachète des sociétés concurrentes en difficulté et maintient les dirigeants en place, ce qui favorise la constitution d'un réseau de fidélités pour d'autres défis. Il se voit à la tête d'organismes professionnels. Son ambition n'a pas échappé à certains – ses concurrents, mais aussi les gendarmes de Haute-Corse, qui s'interrogent sur un parcours aussi rapide et s'inquiètent des relations de l'entrepreneur.

Fin novembre 1985, la section de recherche de gendarmerie de Haute-Corse, à Borgo, alerte sa hiérarchie sur la présence d'individus fichés au grand banditisme dans son entourage. Des personnes, dit la note de renseignement, faisant campagne en sa faveur auprès «des commerçants installés en plaine et en montagne aux fins de l'amener à la présidence du comité des commerçants de Haute-Corse». Selon les enquêteurs, Francis Guazzelli, membre fondateur du puissant gang la Brise de mer, du nom d'un bar sur le vieux port de Bastia, est chargé d'une partie de ce démarchage[1].

La Brise de mer, à cette époque, n'offre pas ses services qu'à Paul Natali. Le poids croissant du crime organisé sur la vie publique de l'île est également observé par les policiers bastiais. En 1986, des membres de ce groupe assurent le service d'ordre d'une assemblée générale de la société mutualiste corse, à Furiani. Selon l'antenne bastiaise du SRPJ de Corse, la demande a été faite par le responsable du syndicat Force ouvrière (FO) qui craignait un coup de force d'un concurrent pour prendre sa place à la tête d'une

1. Section de recherche de gendarmerie de Borgo, Note de renseignement, 29 novembre 1985.

structure qui garantit revenus et emplois. Si l'intéressé a conservé son poste, quelle a été la contrepartie ? Une aide opportune qui, le rappellent les policiers, n'est pas gratuite.

La même année, le nom de la Brise de mer est de nouveau accolé à celui de Paul Natali. Les gendarmes observent, une fois de plus, Francis Guazzelli et deux autres piliers de la Brise, Robert Moracchini et Pierre-Marie Santucci, entrant dans les commerces pour inviter leurs propriétaires à voter encore pour Paul Natali qui brigue, cette fois-ci, la présidence de la chambre de commerce et d'industrie de Haute-Corse. L'élection est un succès, il conservera la tête de l'institution consulaire jusqu'en 1999 et lancera de grands travaux, comme l'aéroport de Bastia-Poretta.

Peu de temps après la victoire de la liste de Natali aux élections consulaires, le tribunal administratif est saisi par ses concurrents qui l'accusent de fraudes. Ils dénoncent, notamment, l'existence de nombreux « détournements de vote par correspondance » avec l'aide d'individus appartenant, selon les autorités préfectorales, au grand banditisme et considérés comme proches de la Brise de mer. Le 7 février 1986, le tribunal rejette la requête, affirmant n'avoir décelé aucune « manœuvre frauduleuse de nature à entacher la régularité du scrutin ».

Interrogé par la presse nationale, Paul Natali enfonce le clou : « Le vote par correspondance a été vivement encouragé par les autorités publiques [...]. Les insinuations laissant entendre que des pressions auraient été exercées sur les électeurs par des amis de la Brise de mer sont sans fondement [...]. Ce système, à la différence du vote par procuration, réduit singulièrement l'efficacité des sollicitations.

Le recours formé par les candidats malheureux n'a relevé aucune fraude. Ils se sont rendus à cette raison et n'ont pas fait appel de cette décision devant le Conseil d'État[1]. »

La chambre de commerce et d'industrie conquise, la politique devient son nouveau champ de bataille et il roule pour la droite. Son camp de base n'est autre que le canton de Borgo, fief de sa belle-famille, l'un des plus stratégiques et influents de l'agglomération bastiaise. Là aussi, l'ascension est fulgurante. Il devient conseiller général, en 1988, mandat qu'il conservera jusqu'en 2005. Quelques mois plus tard, il tente de ravir le fauteuil de maire de Bastia, mais il échoue face à Émile Zuccarelli (MRG), futur ministre. Les radicaux de gauche tiennent la Haute-Corse, le conseil général est présidé par François Giacobbi, sénateur (MRG), chef de clan à l'ancienne, qui dirige la collectivité depuis 1975, date de la création des deux départements.

Quatre ans à peine après son élection comme conseiller général, Paul Natali décroche le Graal en avril 1992 et détrône le tout-puissant François Giacobbi de la présidence du conseil général de Haute-Corse. L'exploit est retentissant et laisse sans voix les principaux observateurs de la vie politique locale, notamment les services de l'État. C'est la première et dernière fois de l'histoire du département que la droite en prend le contrôle. Officiellement, ce retournement est la conséquence des accords de Castirla, nom de cette commune du Cortenais où a été conclu, en mars 1992, le pacte d'union au sein de la droite insulaire[2].

1. *Le Monde*, 29 janvier 1987.

2. François Giacobbi (MRG), peut-être par crainte d'être battu, ne s'est pas présenté à l'élection du président du conseil général, laissant la voie libre à Paul

La discussion s'est tenue dans le restaurant Chez Jacqueline, au hameau du Pont-de-Castirla, à l'entrée de la Scala di Santa Regina. Si Paul Natali s'est dépensé sans compter pour ce succès, les autorités suspectent de nouveau des émissaires de la Brise de mer d'avoir «contribué» à la signature de cette alliance. Les consultations ayant conduit à ce rassemblement se seraient, en réalité, déroulées ailleurs que dans ce lieu de réjouissance, connu pour sa bonne cuisine. Mais, là encore, policiers et gendarmes se cantonnent aux supputations et ne peuvent que constater, impuissants, l'expansion d'une ombre, celle de la Brise de mer.

La Brise de mer

Comme souvent chez les voyous, la bande de la Brise de mer tient son nom d'un bar, géré à la fin des années 1970 et au début des années 1980 par Antoine Castelli, juge de paix local et mentor d'une équipe de jeunes ambitieux. C'est là que se retrouvent trois hommes, le neveu du bistrotier, Francis Santucci, et deux de ses amis, Georges Seatelli et

Natali (divers droite). La droite avait remporté dix-huit des trente sièges de l'Assemblée départementale, alors que la gauche totalisait douze sièges. M. Giacobbi, élu à la tête de la Corse en 1959, puis de la Haute-Corse en 1975, lors de la création des deux départements de l'île, assurait pourtant : «Je serai élu président du conseil général.» Le discours, sévèrement antinationaliste, de l'élu MRG et son réquisitoire contre la loi Joxe (1991), accordant un nouveau statut à la Corse, en faisaient depuis quelques années, avec le député RPR de Corse-du-Sud, M. Jean-Paul de Rocca-Serra, le porte-parole attitré du «front du refus» à la réforme institutionnelle de la Corse. La partie pouvait donc être logiquement gagnée, d'autant que la politique gouvernementale en Corse avait essuyé un revers à l'issue de l'élection territoriale des 22 et 29 mars 1992.

Aimé Guérini. Avec Maurice Costa, qui se joint à eux, ils sont la matrice initiale d'une bande qui va dominer le banditisme français. Puis se greffe le frère de Francis, Pierre-Marie, accompagné de ses amis Robert Moracchini et Francis Mariani. Il faudra un peu de temps ensuite pour que trois des frères Guazzelli, Francis, Angelo et Paul-Louis, soient acceptés. De même, le duo Richard Casanova et Dominique Rutily, que l'on a vu faire ses armes dans le quartier de la Belle de Mai, à Marseille, auprès des caïds corso-marseillais, sera rejeté dans un premier temps, avant d'être admis par Francis Santucci, la figure centrale de la Brise. La vraie Brise de mer se limite à ces douze individus.

L'équipe s'est constituée doucement. Les deux patrons du début, Francis Santucci et Georges Seatelli, ne sont pas toujours d'accord. Puis la vie de cette bande prend un nouveau tournant après la mort de maladie de Francis Santucci, en 1992. Dès lors, comme le dit un proche, fin observateur de la Brise, « ils deviendront des associés avec des intérêts en commun alors qu'avant c'étaient des amis[1] ». Les membres de la Brise ne sont pas des marginaux qui n'auraient eu d'autre choix que la violence sociale. Au contraire, ils sont, pour la plupart, issus de bonnes familles. Georges Seatelli est fils et petit-fils de notaire. Dans sa famille, on trouve même des gouverneurs d'outre-mer, dont un au Congo, à l'époque du général de Gaulle. Les Guazzelli avaient une mère institutrice et un père qui n'avait cure des voyous. Celui de Robert Moracchini travaillait au Trésor public et sa sœur est devenue médecin. Mariani, peut-être, offrait un

1. Propos recueillis par l'auteur.

profil différent, plus brutal. Né en 1949, il était déjà écroué en 1966 pour vol, puis de nouveau, en 1978, pour des faits similaires.

Ils ont su que leur longévité et leur force résidaient dans leur unité. Ce qui fait de la Brise une association criminelle au sens strict du terme, c'est l'existence de règles internes qui ont permis au noyau dur de perdurer et de s'enrichir. Autour d'eux vont s'agglomérer d'autres cercles, des cousins des Santucci, des Mattei, puis des amis, des Patacchini, des Voillemier, des Chiappalone, etc. Autant de noms qui incarneront, autour du noyau dur, une toile capable, pendant près de trente ans, de mettre en coupe réglée un territoire, son économie et sa politique. Ils transforment l'île en sanctuaire et en garde-manger, à la faveur de l'essor du tourisme et des premières lois de décentralisation qui d'un coup déversent, au début des années 1980, une part de la richesse nationale.

Fin 1992, la police en Corse tente de comprendre comment cette équipe a pu ainsi prospérer. «Elle a pris son essor à la fin des années 1970 avec l'apparition des machines à sous, puis elle a progressé d'autant mieux que la situation politique se dégradait sur l'île avec la problématique indépendantiste[1].» La Brise ne vit pas en rupture avec la société, elle la parasite, comme les organisations mafieuses à travers le monde. De plus, elle a su se dissimuler derrière le paravent nationaliste corse. Les vagues d'attentats lors des «nuits bleues» revendiquées par le Front de libération nationale de la Corse (FLNC) étaient autant d'occasions pour détourner l'attention

1. PJ de Bastia, Rapport sur la Brise de mer, 9 décembre 1992.

de la justice. Et combien de policiers ont fermé les yeux sur les affaires du gang contre des renseignements sur les indépendantistes?

À l'instar du retour officiel de Jean-Jé Colonna en Corse-du-Sud, en 1985, l'émergence de la Brise de mer marque la vraie naissance de la mafia sur l'île. L'acte fondateur de cette organisation date du 10 septembre 1981, lorsque Louis Memmi, le parrain à l'ancienne de l'époque, est abattu, en Haute-Corse, par deux jeunes de la Brise de mer, qui n'a pas encore de nom. C'est le début d'une prise de pouvoir des plus classique dans l'univers du banditisme. Tout a commencé par une altercation entre deux piliers du groupe et Daniel Ziglioli, le patron d'une boîte de nuit, le Castel, à Taglio-Isolaccio, en Haute-Corse.

On connaît la suite, une vingtaine de proches de Daniel Ziglioli et de Louis Memmi, son protecteur, seront assassinés entre le 10 septembre 1981 et le 14 avril 1983. Seule la mort de Daniel Ziglioli est imputée, par la justice, aux membres de la Brise et jugée, en mai 1985, à Dijon où l'affaire a été dépaysée. Robert Moracchini, Pierre-Marie Santucci, suspectés d'être le tireur et le pilote de la moto qui s'est approchée de Ziglioli, le 14 septembre 1982, lorsqu'il sortait de son entrepôt, comparaissent aux côtés de Georges Seatelli. Les accusés seront acquittés, décision qui signe une autre naissance, celle de l'impunité de la Brise.

Braquages, machines à sous, racket, règlements de comptes, rien ne manque à la panoplie du crime organisé. Entre 1981 et 1988, la Direction centrale de la police judiciaire lui attribue 97 attaques de banques sur le continent. Les butins restent difficiles à calculer. Les grands coups viendront plus tard dont le plus célèbre, le casse de l'UBS, à Genève le 25 mars 1990, pour un pactole de 125 millions de francs (près de 20 millions d'euros), sans un coup de feu. Le 17 juillet 1991, ce sont 5741 millions de francs (870000 euros) appartenant à la Banque de France qui disparaissent de la soute de l'avion entre Bastia et Orly. Le 11 août 1992, un hélicoptère bloque sur le tarmac de l'aéroport de Bastia le vol Air Inter en direction de Marseille. Ses occupants ouvrent la trappe et repartent avec un sac de Securipost qui contient 7 millions de francs (1,06 million d'euros).

Derrière ces opérations spectaculaires, un seul nom, celui de la Brise de mer qui n'est pas seulement riche, mais aussi célèbre car elle ridiculise la police, les banques et l'État. Cette légende d'invincibilité sert à la Brise pour tenir à distance les importuns et accentue la terreur qu'elle inspire pour mieux gangrener l'économie locale. La Brise a dû accéder à une forme d'organisation plus complexe que des voyous classiques, grâce à des conseillers financiers et des circuits sophistiqués de blanchiment. En 1998, la police tentera d'estimer leur patrimoine en Corse : «400 comptes bancaires, 124 acquisitions immobilières, dont 79 depuis 1990, unc dizainc dc prêtc-noms [...], 60 sociétés dont une dizaine de sociétés civiles immobilières tenues par des proches de personnages liés au banditisme[1] ».

Alors qu'historiquement le milieu corse exportait sa violence hors de l'île, la Brise de mer a fait de celle-ci un

1. Brigade nationale d'enquêtes économiques (BNEE), Note DCPJ sur «l'implantation de la Brise de mer dans le tissu économique local et international», 16 septembre 1998.

sanctuaire à plein temps, d'où l'on peut voir venir les attaques de loin, où l'on peut braquer et tuer sans grand risque et grâce auquel on peut organiser son impunité, en s'attachant facilement la complicité de jurés de cour d'assises, et faire régner la peur. Pour renforcer son emprise, elle a profité d'une faible population et d'un maillage social serré d'une communauté insulaire où les liens familiaux, claniques et amicaux rendent l'anonymat quasiment inexistant.

Avec son argent, la Brise investit, prête de l'argent pour des reprises d'entreprises, des projets immobiliers, des achats de casinos ou de machines à sous à l'étranger. Elle donne en gérance des établissements à des prête-noms. Pour chaque euro investi, elle attend un retour. La Brise parle d'égale à égal avec n'importe quel groupe criminel, qu'il soit français ou étranger. Elle a traité avec des mafieux russes, des Italiens, des triades japonaises ou des Sud-Américains.

L'État s'inquiète

L'État n'a pas attendu le début des années 1990 pour s'inquiéter. Les méfaits prêtés à la Brise de mer sont signalés, dès 1983, au ministère de l'Intérieur par le commissaire Dornier, un homme méticuleux, qui pointait, déjà, « le sentiment d'invulnérabilité » des membres de la bande, qui « affichent avec une morgue sans pareille un train de vie et des signes extérieurs de richesse sans cause qui font pâlir de rage la population saine de cette région, en même temps que l'impunité dont ils paraissent bénéficier la terrifie[1] ». Il montrait qu'un policier non corse pouvait faire montre d'empathie avec la population de cette île, considérant, à juste titre, que les premières victimes de cette violence organisée étaient bien les Corses eux-mêmes.

En dépit de cet avertissement, les autorités vont laisser passer, entre 1984 et 1986, une chance historique de bloquer l'essor de la Brise. Elle n'a pas encore atteint, à cette époque, le stade de développement d'une organisation criminelle qui blanchit ses revenus illicites derrière des paravents comptables complexes ou dans des activités générant déjà de l'argent propre. Elle vit alors une mutation que peu de bandes de voyous parviennent à franchir. Les fortunes amassées sont de moins en moins recyclées dans des activités marquées du sceau des voyous : voitures rutilantes, boîtes de nuit, bars ou restaurants.

Les responsables ministériels rechignent alors à employer les grands moyens en attaquant ce groupe sur le terrain aussi bien criminel que financier. Lorsque la justice finit par se mettre en mouvement, en 1986, il est trop tard. Les caciques de la Brise de mer ont eu le temps de dissimuler leur argent derrière d'opaques ingénieries financières. « Entre 1984 et 1986, c'est à ce moment que la Brise aurait pu être arrêtée. Après, les braqueurs et les tueurs étaient aussi devenus des hommes d'affaires[2] », commente l'un de leurs avocats.

1. SRPJ d'Ajaccio, antenne de Bastia, « Synthèse des différents assassinats qui ont ensanglanté la Haute-Corse depuis septembre 1981 », 10 novembre 1983.
2. Propos recueillis par l'auteur.

Pierre Pasquini

Comme toute mafia, la Brise de mer ne faisait pas que des affaires, elle s'intéressait aussi à la politique. «Depuis 1986, écrit la police judiciaire, la Brise de mer s'est toujours montrée très proche politiquement de la droite à qui elle semble rendre de nombreux services[1].» Dès cette époque, l'organisation a conscience de l'intérêt qu'elle peut tirer de liens souterrains avec les élus pour mener ses activités et surtout continuer à en tirer profit. La justice s'intéressera, ainsi, à la relation entre la Brise de mer et Pierre Pasquini, maire (RPR) de L'Île-Rousse et avocat au barreau de Nice (Alpes-Maritimes) qui sera aussi député de Haute-Corse et ministre des Anciens Combattants au sein du gouvernement d'Alain Juppé de 1995 à 1997.

Dans le cadre d'une enquête ouverte le 4 décembre 1986 sur des faits d'association de malfaiteurs, les policiers placent sur écoute Alexandre Rutily (dont le frère, Dominique, est l'un des membres du noyau dur de la Brise de mer), suspecté d'être un factotum de la bande. Gérant de la société qui exploite la discothèque Le Challenger, à L'Île-Rousse, il appelle, le 15 janvier 1987, Pierre Pasquini pour éviter que son établissement ne soit fermé sur ordre du procureur de la République de Bastia[2].

S'il se félicite d'avoir obtenu des assurances du tribunal de commerce pour rester ouvert, il cherche le moyen de

1. SRPJ d'Ajaccio, Note de renseignement «Brise de mer», 2002.
2. SRPJ d'Ajaccio, Rapport remis dans le cadre de la commission rogatoire délivrée le 10 octobre 1986 par le juge d'instruction Michel Huber, 22 décembre 1986.

contrecarrer les plans du procureur et compte sur l'aide de l'élu. Au téléphone, Pierre Pasquini reste prudent. «Je ne connais pas les interférences fiscales et commerciales, par contre, j'ai connu la situation pénale[1].» Plus tard, il ajoute : «C'est le premier substitut du parquet de Bastia qui bloque toute réouverture de la discothèque[2].» Pierre Pasquini avouera, en 2004, avoir «considéré cet appel comme une forme de pression sur [sa] personne». D'autant qu'il sait que, par ailleurs, un confrère parisien a assuré à Rutily avoir contribué à obtenir une inspection judiciaire du tribunal de Bastia.

Ces pressions n'empêcheront pas le parquet de Bastia de poursuivre le gérant du Challenger. Rutily est relaxé en appel en juin 1986, mais il est de nouveau poursuivi pour défaut de déclaration préalable à la mairie. S'il a produit un récépissé de déclaration préalable, cette dernière reste introuvable. La justice soupçonne la mairie, sans pouvoir le prouver, d'avoir sauvé la mise aux propriétaires de la boîte de nuit en fournissant un faux document. En 2004, Pierre Pasquini reconnaîtra que «le faux document administratif en question a été confectionné grâce au tampon conservé par un conseiller municipal de l'équipe municipale qui l'avait précédé[3]».

La proximité de Pierre Pasquini avec la Brise de mer apparaît également lors d'une intervention en flagrant délit sur une tentative de vol à main armée dans la commune de Lozzari. Lors de la fouille de deux voyous rattachés à ce

1. Propos recueillis par l'auteur, 25 mars 2004.
2. Relevés d'écoutes téléphoniques, 15 janvier 1987.
3. Propos recueillis par l'auteur, 25 mars 2004.

groupe criminel, les policiers découvrent des carnets électoraux sur lesquels figurent les noms de famille à visiter pour le compte de Pierre Pasquini. Le procureur de Bastia n'en fera rien, estimant que cela ne recouvre aucune infraction pénale. Sans être répréhensibles en elles-mêmes, ces relations illustrent, *a minima*, un climat local.

Le rêve de Pasquini de faire tomber le MRG ne se réalisera pas. C'est Paul Natali qu'il l'a accompli. Pourtant, il n'avait pas ménagé ses efforts. Aux élections législatives, en 1978, il a fait alliance avec les indépendantistes. En 1981, il semble avoir reçu l'aide de la Brise de mer pour sa campagne. Il connaissait certains membres de cette mouvance pour les avoir défendus en tant qu'avocat, notamment les frères Patacchini, par ailleurs chevilles ouvrières du mouvement anti-indépendantiste Francia. Ce groupe était l'équivalent corse de la milice gaulliste du SAC (service d'action civique), dont les coups d'éclat avaient ajouté au trouble politique qui régnait sur l'île entre 1978 et 1980.

Bloquer l'expansion de la Brise dans la vie politique

La victoire de Paul Natali à la présidence du conseil général de Haute-Corse conduit, en 1992, Michel Charasse, corse par sa mère, alors ministre (PS) du Budget, à faire le déplacement à Bastia. Il entend, avec l'aide de Jean-Louis Nadal, procureur général près la cour d'appel, bloquer l'accession au pouvoir de Natali, « à moins que ce ne soit celle de la Brise de mer[1] », dit-il en privé. Pour ce faire, il attaque sur le terrain fiscal. L'affaire conduit, le 4 décembre 1996, à une amende de 8,7 millions de francs pour des retards d'impôts sur les sociétés assortie d'une peine de 15 mois de prison avec sursis. Natali conserve néanmoins ses droits civiques, l'essentiel pour lui.

Cette année 1992, l'amertume des autorités se lit dans les rapports de police sur l'emprise de la Brise de mer. « Souvent soupçonnés, le plus souvent remis en liberté faute de preuves et de témoignages, ils se sentent invulnérables [...]. Les renseignements nous laissent à penser qu'ils ont déjà investi dans la politique. On les retrouve comme agents électoraux collectant les votes par procuration, participant activement aux campagnes des élections politiques ou professionnelles et protégeant les colleurs d'affiches des candidats RPR sur Bastia[2]. » Mais aucune condamnation ne vient étayer ces accusations. Soit il s'agit de fantasmes, comme l'avancent les personnes visées, soit le système est trop subtil pour être démonté.

En avril 1993, Christian Raysséguier, procureur général près la cour d'appel de Bastia, dénonce à la Chancellerie l'existence « très préoccupante » des liens qui unissent le banditisme insulaire et certains élus, qui « seraient susceptibles de générer un processus mafieux irréversible au sein même des assemblées territoriales ». Il s'efforce ensuite de décrire l'emprise des voyous sur la démocratie locale. « Souvent choisis par des hommes politiques connus comme

1. Propos recueillis par l'auteur, 1998.
2. PJ de Bastia, Rapport sur la Brise de mer, *op. cit.*

garde du corps ou membres de service d'ordre, ces hommes se sont tissé un réseau non négligeable qui n'hésite pas à se mobiliser au moindre appel et à crier à la machination et au complot[1]. »

Une alerte qui n'est pas suivie d'effet si l'on en croit la police judiciaire à Bastia. La Brise de mer se fait de nouveau remarquer lors des élections municipales de 1995. La PJ relève « la présence de toute l'équipe des frères Chiappalone faisant du porte-à-porte avec l'entourage du candidat RPR Jean-Louis Albertini et rendant visite aux commerçants dans le cadre de la campagne électorale[2] ». Elle ajoute, comme désabusée, se laissant aller à des généralités peu en phase avec la rigueur de la procédure pénale : « Il apparaît que les hommes politiques n'ont pas une démarche claire et saine vis-à-vis de ce milieu dont l'influence peut être diffuse. »

Début 1998, en regardant derrière lui, Paul Natali, ou « Popol », comme l'appellent ceux qui le connaissent, peut voir le chemin parcouru depuis le temps où il n'était qu'un jeune conducteur d'engin de chantier. Cumulard, il est même devenu président de la fédération du BTP de Haute-Corse. À la tête de la CCI, il a lancé des chantiers qui resteront, notamment, à Bastia, l'aéroport – sur la commune de Poretta –, ainsi que le port de commerce. Pilier de la droite insulaire, il est incontournable, même aux yeux des chefs de son parti, à Paris, qui ne lésinent pas sur les marques de soutien.

Ce statut de « protégé » de la droite parisienne est même évoqué, au cours de l'été 1998, dans une observation de la

1. Christian Raysséguier, procureur général de Bastia, Rapport sur le milieu organisé en Corse, remis au ministère de la Justice le 21 avril 1993.
2. PJ de Bastia, Note de renseignement, 1995.

gendarmerie. « Il est à noter, écrit-elle, que lors du premier tour des élections territoriales de mars 1998, et devant l'absence d'investiture de la part de la direction nationale du RPR, Charles Pasqua soutenait implicitement la candidature de Paul Natali au détriment des autres acteurs de la droite. Les opposants à Paul Natali ont dénoncé à cette occasion les liens éventuels entre l'intéressé et les voyous de la Brise de mer[1]. » Philippe Séguin lui-même, alors président du RPR, avait tenté d'imposer Paul Natali comme tête de liste devant le délégué régional du RPR, Jean Baggioni. L'échec de ce « parrainage » conduit le parti gaulliste à ne délivrer aucune investiture.

Si les sous-entendus sur les relations de Natali avec la Brise de mer sont récurrents, ils ne sont pas pour autant démontrés judiciairement et les liens avec des individus ne sont pas des délits en eux-mêmes, surtout dans une société de proximité comme la Corse. En revanche, la justice ne le lâchera pas sur sa gestion des deniers publics. Il est poursuivi, le 16 septembre 1998, à Bastia, dans une affaire de marchés publics attribués à deux entreprises dirigées par son fils, alors qu'il dirigeait le conseil général de Haute-Corse. Cinq ans plus tard, il est condamné par la cour d'appel de Bastia pour prise illégale d'intérêts et usage de faux pour plusieurs marchés publics passés par la chambre de commerce et d'industrie sous sa présidence[2].

1. Section de recherche de gendarmerie de Borgo, Note de renseignement, 24 juillet 1998.

2. Le 3 décembre 2003, Paul Natali est condamné à deux ans d'inéligibilité et 20 000 euros d'amende par la cour d'appel de Bastia pour prise illégale d'intérêts et usage de faux pour plusieurs marchés publics passés par la CCI sous sa présidence. Une peine confirmée en décembre 2004 par la Cour de cassation.

Politiquement, l'année 1998 illustre toute la difficulté des autorités à voir clair dans les arrangements occultes entre la pègre et les élus en Corse. Car, en mars 1998, Paul Natali perd la présidence du conseil général de Haute-Corse d'une voix face à Paul Giacobbi, le fils de celui qu'il avait détrôné six ans auparavant. Dans son rapport sur le crime organisé, transmis deux ans plus tard à la Chancellerie, le procureur général de Bastia, Bernard Legras, laisse entendre sans en apporter les preuves que cette défaite pourrait être imputable à l'intervention de proches de la Brise de mer[1]...

Tout n'est pas perdu pour «Popol» qui, en guise de lot de consolation, voire de promotion, est élu sénateur en 1998, mandat qu'il conserve jusqu'en 2005. Le 6 février 1999, il est tout de même contraint de démissionner de ses fonctions de président de la CCI de Haute-Corse. Le Conseil constitutionnel a en effet jugé «incompatibles» ses fonctions de sénateur et de président de la CCI. Au cours de cette année mouvementée, les policiers s'interrogeront longtemps sur le déplacement effectué en Suisse par Paul Natali au cœur de l'été. Le 18 août 1998, il est en effet contrôlé en possession d'une arme, sans autorisation, par les douaniers d'Annemasse (Haute-Savoie) qui l'ont intercepté après son passage de la frontière[2].

En 2000, le procureur général près la cour d'appel de Bastia, Bernard Legras, tente à son tour de cerner l'emprise

1. Bernard Legras, procureur général près la cour d'appel de Bastia, Rapport sur la criminalité organisée en Corse, remis à la ministre de la Justice Élisabeth Guigou en juillet 2000.

2. Après une longue maladie, Paul Natali décède, le 31 mars 2020, en pleine pandémie de la Covid.

de la Brise de mer sur la société corse. Faute de pouvoir faire la lumière sur le jeu trouble de certains élus avec la mafia locale, il s'efforce de chiffrer la surface financière du groupe criminel. Dans son rapport, il écrit qu'elle disposerait «d'un patrimoine estimé entre 800 millions et un milliard de francs [150 millions d'euros]». Poursuivant son analyse sur cette organisation, il ajoute : «L'erreur a certainement consisté à avoir une approche globalisante et donc à mettre en œuvre des actions inadaptées. Il s'agit en réalité d'une criminalité protéiforme, à l'organisation très complexe, pratiquée par des groupuscules constitués sur base familiale qui se sont associés en fonction des circonstances mais qui ont toujours conservé leur autonomie.»

Chapitre 3

Le patron de la Corse sous influence

Même s'il ne l'avouera jamais, Paul Giacobbi aurait sans doute préféré ne pas être l'héritier d'un chef de clan à l'ancienne et de règles ancestrales auxquelles, dans le fond, il ne croyait guère. Il n'est pas le premier à être prisonnier des liens du sang, mais pour cet homme qui rêvait d'ailleurs, si cette île sera tout de même le moyen de prouver à un père distant qu'il est à la hauteur, elle se révèlera aussi un piège. Fils de François Giacobbi, maire de la commune de Venaco et chef politique (radical de gauche) de la Haute-Corse pendant près de quarante ans, avait-il d'autres choix que de succéder à cet homme au fort tempérament dont l'autorité ne saurait être contestée ?

Comme beaucoup de fils de bonne famille insulaire, Paul Giacobbi, né le 4 juin 1957 à Courbevoie (Hauts-de-Seine), a effectué l'essentiel de ses études à Paris, où il a fini par décrocher, en 1982, le concours de l'École nationale d'administration. Il n'a pas beaucoup à réfléchir, au terme de son parcours académique : son chemin a déjà été tracé pour lui.

Un an plus tard, il adhère au Mouvement des radicaux de gauche (MRG) et il succède à son père à la mairie de Venaco, le fief familial. Son apprentissage n'est pas terminé. Aux yeux des siens, il ne fait même que commencer. Il doit maintenant inscrire ses pas dans ceux de ses aînés.

Sa famille est radicale-socialiste depuis quatre générations. Son père a été député et sous-secrétaire d'État, son grand-père, dont il porte le nom, a été ministre après-guerre et même son arrière-grand-père, Marius Giacobbi, a été député et sénateur. Comment échapper à une telle lignée sur une île méditerranéenne où le clanisme et le clientélisme structurent depuis la nuit des temps une organisation sociale sur laquelle les États ayant envahi cette terre n'ont jamais eu vraiment prise ? Dans cette société – c'est sa dimension archaïque –, l'individu reste intimement dépendant du groupe auquel il appartient, bien plus qu'ailleurs.

Jusque-là, pour Paul Giacobbi, la Corse s'était longtemps résumée aux vacances d'été. Désormais, il doit s'y implanter et apprendre les rudiments des fonctions de chef de clan. Même s'il n'aime pas ça, il s'engage en politique dans un mélange d'atavisme et d'ambition. Comment aurait-il pu s'affranchir d'un tel sacerdoce familial ? Un devoir plus qu'un choix, dont certains proches verront les effets, parfois toxiques, sur sa personnalité[1]. Pourtant, il n'a aucun effort à faire. Le clan qui porte son nom s'attache à mettre en orbite le jeune héritier afin qu'il pérennise un système qui a fait ses preuves depuis longtemps. Après avoir succédé à son père à la mairie de Venaco, il est élu en 1986 conseiller à

1. Propos recueillis par l'auteur.

l'Assemblée de Corse tout en progressant au sein de l'appareil du MRG. Conseiller en 1988 de François Doubin, ministre MRG du Commerce et de l'Artisanat, il devient, deux ans plus tard, secrétaire général de L'Entreprise industrielle, poste qu'il cumule avec celui de conseiller exécutif et président de l'Office de l'environnement de la Corse.

Comme cela était écrit, c'est le décès de son père, en 1997, qui marque la fin de son apprentissage. Cette année-là, il est conseiller au cabinet d'Émile Zuccarelli, ministre (MRG) de la Fonction publique, lui aussi un héritier politique local. Paul Giacobbi entre dans la foulée au conseil général de Haute-Corse, qui fut si longtemps le territoire réservé de son père, de 1975, date de la création de ces collectivités, jusqu'en 1992, lorsque Paul Natali lui ravit la présidence. Une humiliation familiale que les Giacobbi n'ont jamais digérée et un défi à relever pour un fils vers lequel les yeux d'un clan entier se tournent désormais. C'est à lui de faire vivre et prospérer le système Giacobbi. Car un chef de clan n'a pas de pouvoir divin, il tire son autorité de sa seule capacité à faire vivre sa clientèle.

Paul Giacobbi n'a pas la fibre populaire ni le contact facile, et cela n'aide pas, dans une société de proximité comme la Corse. Alors, très tôt – est-ce de lui-même ou sur les conseils de son père? – il perçoit l'intérêt qu'il pourrait avoir à lier son destin à celui d'un personnage, orfèvre en politique locale, doué de talents relationnels qu'il n'a pas : Augustin Dominique Viola, dit « Mimi ». Lui-même fils d'un fidèle de François Giacobbi, il sera la doublure de Paul, son armure et son mauvais génie, capable de compenser ses manques. Sans jamais le lâcher d'une semelle, il jouera, dans l'ombre, un rôle clé dans le parcours politique de Paul Giacobbi. Tous deux y trouveront leur compte. Mais à quel prix ?

Le poids de la personnalité de Mimi Viola – un restaurateur né le 29 juillet 1948 à Corte (Haute-Corse) – sur le jeune Giacobbi à la fin des années 1990 n'a pas échappé aux renseignements généraux. « Au tout début de la carrière politique de Paul Giacobbi, qui fut difficile, écrivent-ils en 1998, ce dernier a trouvé en Dominique Viola un ami et un soutien sans faille[1]. » Une relation, ajoutent-ils, liée à « une amitié indéfectible » entre les deux hommes depuis leur enfance, à laquelle s'ajoutent « des raisons à la fois de sensibilité politique que les deux familles ont en commun et des considérations géographiques micro-régionales (canton de Venaco) ».

Giacobbi redevable à Viola ?

La justice et la préfecture vont croire, un instant, déceler une forme de rétribution de cette « fidélité » en se penchant sur le projet de reprise du restaurant La Piscine, exploité par Mimi Viola à Venaco, le fief des Giacobbi. Les autorités suspectent alors la commune, propriétaire des murs, de vouloir sauver la mise à cet établissement qui sera placé en liquidation judiciaire en février 1998[2]. Deux délibérations du conseil municipal de Venaco, le 12 août 1997 et le

1. RG de Haute-Corse, Note transmise à la préfecture de Haute-Corse, 1998.
2. Enquête préliminaire sur le projet de rachat du fonds de commerce du restaurant La Piscine, à Venaco.

23 avril 1998, entérinent en effet un projet d'acquisition du fonds de commerce et de la licence d'exploitation ainsi que l'autorisation accordée au maire de solliciter une subvention du conseil général de Haute-Corse et de la collectivité territoriale[1].

« Officiellement », dit la préfecture dans son signalement à la justice, il s'agit de créer un centre communal à Venaco, laissant entendre par cette formule administrative pleine de réserve qu'il pourrait exister un doute sur la sincérité de la déclaration[2]. Les vérifications conduites par la sous-préfecture de Corte permettent de constater qu'une enveloppe de 600 000 francs (360 000 pour le fonds de commerce et 240 000 pour la licence) a bien été prévue par la commune pour cette affaire. L'enquête préliminaire ouverte par le parquet de Bastia, sur le projet de rachat du fonds de commerce, sera finalement classée sans suite début 2000[3].

Si la justice clôt ses poursuites dans ce dossier, cela ne signifie pas que les pouvoirs publics détournent les yeux. Bien au contraire. Faute de pouvoir vraiment saisir ce qui se cache derrière la constitution de ce duo, les services de l'État continuent de travailler, en secret, sur l'entourage de Paul Giacobbi, appelé à jouer un rôle de premier plan sur l'île. Toujours en 1998, les RG poursuivent leurs recherches sur Mimi Viola. « La disponibilité et l'engagement de M. Viola ont beaucoup contribué à faire de [Paul Giacobbi]

1. *Ibid.*
2. RG de Haute-Corse, *op. cit.*
3. Paul Giacobbi, en tant que maire de Venaco, reçoit le 20 janvier 2000 un courrier du procureur de Bastia signalant « le classement sans suite » de l'enquête préliminaire ouverte sur les conditions du rachat du fonds de commerce du restaurant La Piscine.

une personnalité appréciée et respectée, particulièrement sur la région centre du département.»

Les conseils de Mimi Viola semblent porter leurs fruits, mais les autorités préfectorales s'inquiètent des informations qui leur parviennent. «Si leurs liens [entre MM. Giacobbi et Viola] paraissent essentiellement commandés par leurs relations amicales, ajoutent les RG, les affinités relationnelles que M. Viola entretient avec d'autres personnes sont de nature à retenir l'attention, voire à émettre certaines réserves[1].» En quelques mots et de manière allusive, les services de l'État évoquent de mauvaises fréquentations. On entre là dans la complexité insulaire d'une société au maillage social très serré. Une amitié avec un voyou fait-elle de quelqu'un un voyou? En principe, non.

«Selon plusieurs informations convergentes, précisent les RG, M. Viola entretiendrait des relations suivies avec deux personnes peu recommandables, Daniel Vittini, connu des services de police pour être un membre influent de la région cortenaise de la bande de droit commun bastiaise dite de "La Brise de mer", particulièrement chargé du placement des machines à sous, et Maurice Costa, demeurant à Moltifao et à Bastia, membre [du noyau dur de la même organisation criminelle] et responsable du secteur de Castifao-Morasaglia susceptible d'organiser des vols à main armée et autres actions de droit commun.» Paul Giacobbi avait-il conscience de l'existence d'un tel environnement? Les RG ont leur opinion: «Les relations qu'entretient

1. RG de Haute-Corse, *op. cit.*

M. Viola avec ces individus sont trop notoirement connues sur le Cortenais pour n'avoir jamais été portées à la connaissance de son ami Paul. »

Paul Giacobbi venge son père au conseil général

À l'approche des nouvelles élections cantonales de mars 1998, le clan Giacobbi n'a cure de ces commentaires qui restent sans suite, et il fourbit ses armes en vue d'un événement qu'il attend depuis six ans. Le souvenir de la défaite cuisante de 1992 contre Paul Natali est dans tous les esprits. On se souvient encore de cette réunion, le 3 avril 1992, destinée à élire le nouveau bureau du conseil général du département de Haute-Corse. Pour éviter de perdre face à M. Natali, le président sortant, le sénateur (MRG) François Giacobbi choisit, au dernier moment, de ne pas se représenter, laissant le champ libre à son adversaire, élu dès le premier tour.

Le père de Paul Giacobbi, qui aimait se définir comme « un giacobbiste jacobin », est mort depuis un an quand son fils se lance dans l'opération de reconquête du conseil général, une aventure que tout le monde pense perdue d'avance. Mais une nouvelle fois, défiant toutes les imaginations, le 30 mars 1998, Paul Giacobbi, candidat de la gauche « plurielle », reprend le département à la droite. Pourtant, au soir du deuxième tour des élections cantonales du 22 mars 1998, la droite avait conservé de justesse sa majorité avec quinze des trente sièges, contre quatorze à gauche et un sans étiquette. C'est l'épilogue de tractations mystérieuses et d'interventions défiant toute logique comptable ou politique.

Une première séance, le 27 mars 1998, dédiée à l'élection du président est reportée au motif que le quorum n'a pas été atteint en raison de l'absence de la quasi-totalité des élus de droite. C'est une parade de la dernière chance, imaginée par M. Natali, pour retarder le vote et tenter de remettre de l'ordre dans son groupe qui montre des signes de division. Il sait qu'en dépit de la majorité obtenue dans les urnes, la victoire n'est pas certaine. Des forces, dont il a connaissance, agissent en sous-main pour changer la donne démocratique. Afin de sauver sa majorité, la droite décide que M. Natali cédera sa place de candidat à la présidence au doyen d'âge, Simon-Jean Raffali (RPR). Rendez-vous est pris pour une deuxième séance le 30 mars.

Réunies, la droite et la gauche procèdent de nouveau au vote. Elles se retrouvent à égalité (14 voix chacune) aux deux premiers tours. Le bouleversement survient au troisième tour. Quatorze suffrages vont à Paul Giacobbi et seulement treize à M. Raffali. L'un des conseillers de droite, Serge Grisoni, élu du canton de Castifao-Morasaglia, a changé son vote en un vote blanc, donnant ainsi la victoire à la gauche. C'est un choc pour la droite, qui était sûre de son succès. Une énigme pour les services préfectoraux qui n'ont rien vu venir. Une joie intense pour le clan Giacobbi qui retrouve le fief perdu et venge la mémoire du patriarche disparu, François Giacobbi.

L'accord secret

La préfecture de la région corse, sollicitée par le ministère de l'Intérieur sur le revirement de dernière minute de Serge Grisoni, a transmis plusieurs notes évoquant les interventions «d'émissaires de la Brise de mer» auprès de cet élu. Des éléments repris en 2000 par le procureur général de Bastia, Bernard Legras, dans son rapport sur le crime organisé en Corse, ajoutent : «Il est un fait que le président du conseil général de Haute-Corse [Paul Giacobbi] a désormais parmi ses proches un intermédiaire [Mimi Viola] de la Brise de mer.» Enfin, en 2001, une synthèse de la police judiciaire bastiaise relate l'existence d'une négociation avec M. Grisoni sur fond de dettes de jeu effacées. Des supputations jamais démontrées devant un tribunal.

Les services de l'État parviendront à réunir d'autres éléments aidant à comprendre comment Serge Grisoni a décidé, d'un coup, de faire basculer le conseil général du côté Giacobbi. À en croire les informations recueillies par les RG et la PJ, «c'est le duo Maurice Costa, membre de la Brise de mer [ami d'enfance de Serge Grisoni], et Mimi Viola» qui a conduit la manœuvre[1]. Grisoni, élu municipal de Moltifao, fief de la famille Costa, s'est vu proposer des mandats électifs : la mairie de Moltifao et une vice-présidence au conseil général que Paul Natali lui avait refusée au cours du précédent mandat. Des promesses qui seront tenues dès 1998.

1. *Ibid.*; PJ de Bastia, Synthèse, 2001.

Selon les renseignements consignés par la PJ bastiaise, un rendez-vous crucial aurait eu lieu dans les locaux de la société de BTP Vendasi en présence de Serge Grisoni[1]. Les raisons du choix de cet endroit ne sont pas spécifiées, tout juste rappelle-t-on que le groupe Vendasi est le principal concurrent de l'entreprise dirigée par la famille Natali. Néanmoins, les images de la soirée célébrant la victoire de Paul Giacobbi le montrent en train de descendre de l'estrade pour venir faire la bise à un pilier de la famille Vendasi. Par ailleurs, à ceux qui dénonçaient, en 1992, les soutiens apportés par la Brise de mer à Paul Natali pour conquérir le conseil général, ce dernier a désormais beau jeu de répondre que cela était faux puisque, cette fois-ci, tout le monde peut voir en faveur de qui penchait ce pouvoir occulte.

Si l'ombre du crime organisé pèse, depuis 1992, sur les échéances électorales en Haute-Corse, la démonstration judiciaire reste loin d'être faite. Ce changement de majorité à la tête du département, dont dépend une large part de la commande publique et des subventions accordées aux communes, n'est-il pas davantage le fruit de jeux politiques traditionnels que celui de la seule volonté de la mafia insulaire? Certains commentateurs de la vie démocratique locale nuancent, en effet, l'idée d'une mainmise totale des voyous sur les élus. Selon eux, ces rapports de force se mêlent à d'autres considérations, alliances familiales ou cla-

1. Serge Grisoni, maire de Moltifao et conseiller général du canton de Castifao- Morosaglia, est mort en juin 2007, à l'âge de 56 ans. Enseignant, chef d'établissement, il était entré en politique en 1989.

niques, services rendus relevant du clientélisme, ambitions ou conflits personnels.

L'arrivée de Paul Giacobbi à la tête du département est aussi la victoire de Mimi Viola, qualifié par certains membres du clan Giacobbi de « faiseur de rois ». Et son activisme ne cesse pas après qu'il a conquis le conseil général, comme l'observent les RG quelques semaines seulement après le scrutin cantonal. « M. Viola est actuellement employé au conseil général de Haute-Corse où il exerce les fonctions de chargé de mission auprès du président Paul Giacobbi. En réalité, son activité reste très imprécise, puisqu'il ferait également office de chauffeur, de garde du corps lors des déplacements du président et de conseiller particulier [...]. Les succès politiques qu'a obtenus M. Paul Giacobbi l'auraient amené, dans un souci de reconnaissance et en gage d'une amitié sans compromis, à accorder à M. Viola la possibilité de l'assister officiellement dans ses nouvelles fonctions politiques et de lui témoigner encore sa loyauté. » *A priori*, rien d'illégal.

Mimi Viola plaide pour la désignation d'un deuxième proche conseiller politique. Il suggère à Paul Giacobbi de constituer une garde rapprochée avec Dominique Domarchi, maire de Sant'Andréa-di-Cotone (Haute-Corse) depuis 1983. Les deux hommes se partagent géographiquement le territoire du département. Mimi Viola se charge de la Balagne et du Cortenais alors que Dominique Domarchi gère les affaires de Bastia et de la Plaine orientale. La tâche n'est pas simple, ils gèrent les relations avec les élus et le financement des communes, notamment *via* les subventions, une mission délicate et stratégique dont dépendent les équilibres politiques locaux. Paul Giacobbi cède, de fait, une bonne part des commandes des affaires courantes à ces deux proches. De même, il ne suit que de loin la gestion du clan Giacobbi au quotidien, préférant les sujets nationaux ou internationaux.

Arrangements entre amis

Le contrôle du département signifie aussi celui de la commande publique, ce qui n'est pas rien sur une terre pauvre où l'industrie n'existe pas et où le tertiaire emploie la majorité des actifs. La justice tentera de mettre au jour les arrangements qui ont pu exister entre le système Giacobbi et ses amis entrepreneurs. En 2005, le parquet de Bastia ouvre une enquête préliminaire sur des soupçons de favoritisme à l'encontre des frères Vendasi, piliers du conseil général de Haute-Corse et fidèles soutiens de Paul Giacobbi, également visé par les investigations, en sa qualité de président du conseil général.

Les enquêteurs s'intéressent à la société SNC Agrégats du cap, qui exploite la carrière de Brando dans le cap Corse. Le 29 avril 2005, la commission d'appel d'offres du département, présidée par Joseph Castelli, représentant M. Giacobbi, attribue le marché de consolidation de la route desservant le cap Corse, à hauteur de la commune de Brando où une colline menace de s'affaisser, aux sociétés DTP Terrassement et Via Corsa. L'offre retenue précise que la roche utilisée pour les travaux sera extraite de la carrière de Brando, exploitée par la société SNC Agrégats du cap, rachetée fin 2003 par le groupe Vendasi.

Or, François Vendasi est alors vice-président du conseil général et son frère, Jean-Jacques, conseiller général. Ce choix est entériné par M. Giacobbi et les travaux sont financés à hauteur de 4,5 millions d'euros par l'État grâce au plan exceptionnel d'investissement. En matière de prise illégale d'intérêts, l'intérêt moral suffit pour engager des poursuites. Une association environnementale de Brando dépose plainte. Elle souligne aussi que la roche n'est pas conforme pour les travaux prévus, une assertion confirmée, dans un premier temps, par les services de l'État. Au regard des personnalités visées par l'enquête préliminaire, l'affaire est signalée par le parquet général de Bastia.

Pourtant, la justice sera peu diligente. Il faudra attendre le 2 août 2011 pour que le parquet de Bastia, qui a changé de tête six mois plus tôt et veut mettre de l'ordre dans les dossiers en souffrance, se plonge dans cette affaire. Chose rare, dans leurs synthèses, policiers et gendarmes sont d'accord. Non seulement la prise illégale d'intérêts est une piste sérieuse, disent-ils, mais 4 millions d'euros ont disparu des comptes de la SNC Agrégats du cap, dont une partie aurait pu tomber dans les poches de la pègre locale. Au cours de cette réunion, le vice-procureur et cinq enquêteurs se disent prêts à placer en garde à vue Paul Giacobbi, les frères Vendasi et un responsable technique du conseil général de Haute-Corse.

Mais le parquet considère que l'affaire n'a que trop duré et n'a mis au jour aucune trace de l'intervention directe de MM. Vendasi ou Giacobbi dans cette attribution de marché suspecte. La justice tentera vainement d'entendre François Vendasi, sénateur de 2005 à 2014. Des raisons médicales, son immunité et des déplacements justifieront chaque dérobade. Son successeur au Sénat, Joseph Castelli, président de la commission qui a attribué le marché litigieux, n'a pas non plus été entendu. Enfin, des contre-expertises techniques ne permettent plus d'être aussi tranché sur la non-conformité des roches de Brando[1].

Vingt ans d'équilibres rompus

La vie politique en Haute-Corse, à partir du début des années 1990, subit clairement l'influence d'un monde occulte, celui du crime organisé, qui pèse sur la démocratie à mesure qu'il s'enracine plus profondément dans le corps social insulaire. Son emprise peut être brutale, mais elle est souvent diffuse et emprunte des mécanismes de solidarité clanique ou familiale. C'est un univers de faux-semblants où les arguments sonnants et trébuchants n'excluent pas ceux de la terreur. Car, quoi que dise un voyou sur ses relations d'amitié supposées avec un élu, il n'existe pour lui, en cas de conflit ou de désaccord grave, qu'un moyen de le régler : la violence. Et l'histoire insulaire compte assez d'assassinats de maires, d'avocats, de fonctionnaires territoriaux ou de président de chambre de commerce et d'industrie pour que cette menace ne soit pas prise à la légère.

1. L'enquête a été classée sans suite en décembre 2011.

Les dix années qui suivent l'élection de Paul Giacobbi montrent une relative stabilité politique en Haute-Corse. Pour lui, la période est porteuse. Il se voit même bientôt à la tête de la collectivité territoriale de Corse (CTC), le vrai pouvoir politique et financier de l'île. Les planètes sont alignées en sa faveur et son duo de conseillers politiques veille au grain pour le bon fonctionnement du système. Alors qu'ils se préparent, en 2009-2010, à quitter Bastia pour Ajaccio et prendre les rênes du territoire, un autre changement intervient sur l'île, qui va bouleverser la mafia corse.

En deux ans, la Brise de mer, qui tenait la Haute-Corse depuis plus de vingt ans, s'effondre après une guerre fratricide qui voit ses piliers tomber sous les balles. Richard Casanova est assassiné le 23 avril 2008, Daniel Vittini, proche compagnon de route de la Brise de mer et ami de Mimi Viola, est tué le 3 juillet de la même année. En 2009, l'hécatombe se poursuit : Francis Mariani, autre baron du gang bastiais, meurt le 12 janvier dans l'explosion criminelle d'un hangar. Son alter ego, Pierre-Marie Santucci, est atteint à son tour, le 11 février, d'une balle tirée à longue distance. Enfin, Francis Guazzelli, la figure dominante de la Brise de mer, est abattu au volant de sa voiture qui tombe dans un ravin.

La fin de la Brise de mer signe celle d'une organisation qui structurait, de manière occulte, la Haute-Corse sur les terrains criminel, politique et économique. Sa disparition ouvre une nouvelle séquence dont les secousses vont se faire sentir dans toute la société. La Corse ne va pas être libérée de l'emprise des voyous. De nouvelles équipes vont vouloir imposer leur loi dans l'ombre et modifier les équilibres existants. Les relations entre mafia et politique ne sont visibles que lorsque les choses vont mal et que des prébendes sont remises en cause. Pour cette raison, en Corse, des faits anodins et apparemment mineurs peuvent, en réalité, révéler la présence de phénomènes criminels lourds.

Dans la seule Plaine orientale, micro-région de Haute-Corse, un changement relevant *a priori* du simple combat politique va, ainsi, déclencher une véritable guerre du milieu et lever le voile sur l'un des visages du système mafieux insulaire. Alors que Paul Giacobbi est élu en 2010 à la tête du conseil exécutif de la CTC, l'un de ses deux conseillers politiques, Dominique Domarchi, décide de bouleverser les équilibres politiques en Plaine orientale. Il rompt l'alliance nouée depuis des années entre le clan Giacobbi et le maire de la commune de Ghisonaccia, Francis Guidici, en faveur de son concurrent local, le maire de la commune voisine, Prunelli-di-Fiumorbo, Pierre Siméon de Buochberg.

Une Plaine orientale minée par les rivalités

Des tensions préexistaient sur ce territoire. Dès 2007, le projet de construction d'un centre commercial Géant Casino sur la commune de Prunelli-di-Fiumorbo avait exacerbé les relations. Cette grande surface prévoyait une galerie marchande de six commerces. Pour remercier le clan de Jacques Paoli, un agriculteur, ancien nationaliste, dont la sœur avait cédé des terrains, le maire (divers droite),

Pierre Siméon de Buochberg et le directeur du groupe Casino en Corse, Charles Capia, personnage incontournable du monde des affaires sur l'île, avaient réservé la brasserie au gendre de Jacques Paoli et le bureau de tabac à un autre de ses proches.

Dans l'esprit du maire, Jacques Paoli était «un régulateur sur le secteur de Prunelli [...] qui calmait beaucoup de situations et de conflits». En plus de posséder une paillote à Solaro et de son exploitation agricole, il apparaissait derrière plusieurs projets dans la région. Mais, toujours selon le maire, «une lutte de territoires» existait entre Jacques Paoli et un autre groupe de personnes, elles aussi ex-nationalistes, Olivier Sisti, dit «le Noir», et Albert Pieri, dit «Bébert», implantés dans la commune de Ghisonaccia.

Dans le passé, toutes ces personnes étaient unies dans un même mouvement indépendantiste et s'opposaient aux constructions dans la Plaine orientale, au nom du refus de la spéculation et du béton. Mais depuis quelques années, ces mêmes individus, anciens frères d'armes, sont devenus des ennemis mortels alors que les grues, les bulldozers et les promoteurs immobiliers ont investi une région jusque-là demeurée l'une des moins équipées de l'île.

En juin 2010, le jour de l'inauguration de la brasserie du centre commercial, Olivier Sisti, Albert Pieri et son frère Toussaint Pieri, militant nationaliste historique, viennent défier Jacques Paoli devant l'établissement. À ce moment, les menaces ne sont encore que verbales. Mais, à la fin juin, Olivier Sisti se retrouve face à deux individus casqués et armés sur la terrasse de sa paillote, Le Bahia. Il dira aux gendarmes que le nombre de clients présents a empêché les tueurs de commettre leur forfait. Le 25 octobre 2010, il entend cette fois-ci des bruits suspects en rejoignant son véhicule sur le parking de la société de construction SRP Prod, à Ghisonaccia, dont il est associé. Ses agresseurs ouvrent le feu. Olivier Sisti s'échappe en courant, une balle logée dans le flanc gauche.

Au mois d'août 2010, un soir vers 22 heures, Jacques Paoli est seul aux abords de sa paillote, U Libecciu, quand des coups de feu claquent. Il s'en sort avec des éraflures. Le 8 février 2011, sa voiture, garée le long de son chalet, à la hauteur de sa chambre, est détruite dans une explosion criminelle. C'est la loi du talion sur fond d'emprise sur les élus locaux et l'argent public. Le 16 décembre 2010, Marc Paolini, président du club de football de Prunelli-di-Fiumorbo et expert automobile, est tué de plusieurs balles. Il venait d'investir dans un immeuble à Ghisonaccia et s'apprêtait à récupérer, avec un associé, la gestion du centre de vacances Les Marines de Caprone dans la même ville. Appartenant à la mairie de Puteaux (Hauts-de-Seine), ce centre génère un chiffre d'affaires annuel de 1,5 million d'euros. Marc Paolini devait finaliser son projet avec Francis Giudici, le maire de Ghisonaccia, le lendemain de sa mort.

Des écoutes téléphoniques dans une affaire d'extorsion contre un maçon d'origine portugaise de Prunelli-di-Fiumorbo permettent d'apprendre que Les Marines de Caprone intéressait d'autres personnes dans le secteur. Elles révèlent également que Marc Paolini soutenait activement la liste concurrente à celle du maire de Ghisonaccia à l'élection cantonale du 20 mars 2011. Elles évoquent enfin le rôle d'Olivier Sisti comme rabatteur de voix pour le compte de

Francis Giudici, en particulier au sein de la communauté maghrébine locale, «contre le versement de sommes d'argent[1]». Rien n'indique, cependant, que le maire était au courant de ces pratiques.

Domarchi met le feu à la Plaine

C'est pour ces mêmes élections cantonales 2011 que Dominique Domarchi et Paul Giacobbi décident de mettre fin à l'alliance politique avec Francis Guidici, le maire de Ghisonaccia. «Début 2010, se souvient Pierre Siméon de Buochberg, Domarchi m'a informé qu'ils m'apporteraient leur soutien; mais dès 2008, mon oncle m'avait dit qu'il fallait aller parler avec Paul Giacobbi, alors j'y suis allé et nous avons conservé ce contact, même si je n'étais pas du même bord politique[2].» Une décision d'ouvrir à droite qui surprend, mais Domarchi fait la loi dans sa région, c'est lui qui tranche pour la constitution des listes. Il a carte blanche et un caractère qui ne se prête guère au compromis. Le 27 mars 2011 au soir, Pierre Siméon de Buochberg est élu conseiller général.

Peu de gens le savent mais la motivation de Dominique Domarchi n'est pas purement politique. Il change aussi les alliances au nom d'une amitié ancienne avec l'oncle de

1. Ces éléments n'ont fait l'objet d'aucune poursuites judiciaires. Interrogée par l'auteur, l'avocate de M. Sisti, Me Caroline Canaletti, a démenti, pour son client, toute forme de responsabilité dans les conflits locaux. Selon elle, «s'il y a une victime, c'est bien M. Sisti, cible, à plusieurs reprises, de tentatives d'assassinat».

2. Propos recueillis par l'auteur.

Pierre Siméon de Buochberg, Jean-Charles Martinetti, qui fut longtemps le maire de Prunelli-di-Fiumorbo. Domarchi fut, dans le passé, propriétaire d'une supérette et du bar A Muvra, sur la commune de Solenzara. Il ne gardera que le café où il aimait retrouver ses amis, dont Martinetti, ancien braqueur, souvent accompagné de deux autres individus qui ont également eu maille à partir avec la justice. C'est dans ce bar que Domarchi et son ami se sont promis de faire de Prunelli-di-Fiumorbo le pivot du jeu politique local et de prendre la main sur la présidence de la communauté de communes dont dépendent, notamment, les marchés des déchets.

Entre 2010 et 2012, les rivalités entre les clans de Jacques Paoli et du duo Olivier Sisti-Albert Pieri épousent en effet celles des communes de Ghisonaccia et de Prunelli-di-Fiumorbo au sein de la communauté de communes. Interrogé par les gendarmes le 17 mai 2011, dans l'enquête sur l'une des tentatives d'assassinat contre Olivier Sisti, Jacques Paoli confirme que « le climat s'est tendu depuis que Siméon de Buochberg a été élu au conseil général et est devenu président de la communauté de communes ». Il n'en dira pas plus.

Deux jours avant qu'il ne fasse cette confidence aux enquêteurs, les véhicules de Francis Giudici, maire de Ghisonaccia, de son frère, Jean-Noël Giudici, maire de la commune voisine de Poggio-di-Nazza, et de leur beau-frère, un exploitant agricole, ont été criblés de balles. Un acte non revendiqué, mais la justice privilégie la piste du contentieux lié à l'extension de la maison de retraite intercommunale A Ziglia, présidée par le maire de Ghisonaccia, d'un coût de plusieurs millions d'euros. Lors de son audition, Francis Giudici révèle que des pressions ont été exercées sur lui pour qu'il démissionne de la tête de l'établissement d'hébergement pour personnes âgées dépendantes. L'enquête fait aussi apparaître des tensions liées à l'attribution de la construction d'une halle des sports à Ghisonaccia, pour 2 millions d'euros.

La mine d'or des déchets

La décision de Dominique Domarchi de changer les alliances locales a mis le feu à la Plaine orientale. Tout est sujet à tension : plan local d'urbanisme, développement économique et touristique, et même projet d'extension du centre de traitement de déchets situé sur la commune de Prunelli-di-Fiumorbo. Exploité par la société STOC, filiale de la holding familiale Petroni installée à Ghisonaccia, ce site est, selon une synthèse de la section de recherche de gendarmerie, au cœur du conflit entre Jacques Paoli et « le clan Pieri-Sisti ».

Interrogé par la justice, le maire de Prunelli-di-Fiumorbo, Pierre Siméon de Buochberg, a confirmé que Jacques Paoli, opposant de longue date à l'enfouissement des déchets sur la commune, avait changé d'avis et l'avait aidé en permettant au projet d'extension de voir le jour. À sa demande, dit le maire, Jacques Paoli avait en effet convaincu les propriétaires de terrains concernés par le nouveau site de vendre leurs parcelles à la municipalité. Parallèlement, le même Paoli avait exprimé à Pierre Siméon de Buochberg son souhait de voir spécialement l'entreprise de BTP Socofi à Prunelli-di-Fiumorbo et Ghisonaccia, participer aux futurs travaux.

Seule la famille Taddei avait refusé de céder aux avances de Jacques Paoli. Sans que l'on sache si cela a un lien, la pharmacie appartenant à cette famille a été la cible d'un attentat dans la nuit du 7 au 8 novembre 2011. La pharmacienne indiquera n'avoir aucune idée sur l'origine de l'acte, mais dira avoir été conviée peu de temps auparavant à une réunion à la mairie de Prunelli-di-Fiumorbo qui cherchait toujours de l'espace pour le centre de déchets et s'intéressait à une de ses parcelles située à côté du Géant Casino. Elle avait de nouveau décliné les propositions, ayant elle-même des projets immobiliers.

Finalement, la zone a été acquise par la municipalité et la société STOC est restée maître d'œuvre. La préfecture et les autorités environnementales donnent leur accord, en 2013, pour l'exploitation de 40000 tonnes de déchets ménagers par an, pendant dix ans. Pour un prix moyen de 80 euros la tonne, l'affaire est profitable, et ce d'autant plus qu'à la faveur d'un nouveau procédé, la matière enfouie produit du «biogaz», lequel devrait générer annuellement près d'un mégawatt d'électricité. Revendu à EDF, cela ajoutera près de 600000 euros par an au chiffre d'affaires de la STOC.

Le maire de Prunelli-di-Fiumorbo dévoilera devant les enquêteurs une partie des enjeux qui se cachent, selon lui, derrière ces affaires environnementales. «Les déchets sont un dossier brûlant, confirme-t-il, car il y a beaucoup d'argent en jeu [...]. Depuis que j'ai été élu en mars 2011 conseiller général pour le canton de Fiumorbo, cela a rétabli un peu les choses avec la commune de Ghisonaccia, mais a aussi creusé le fossé avec Francis Guidici, car je peux maintenant me passer de lui, ce qu'il a très mal pris[1].» La rivalité n'est pas que politique. Là aussi, le milieu pèse en coulisses sur la gestion des marchés.

Car, sur la question de la mainmise de la pègre dans ces affaires, et notamment à propos de la société STOC, qui exploite le site d'enfouissement des ordures ménagères, le maire de Prunelli-di-Fiumorbo poursuit ses confidences. Selon lui, Albert Pieri, un ancien braqueur reconverti dans le nationalisme et dans les travaux publics, en devenant le bras droit et salarié des dirigeants du groupe Vendasi, pèse sur les affaires locales. On le voit souvent à la SNT Petroni dont dépend la STOC. Par ailleurs, de l'argent serait récolté en sous-main, dit-il, sans plus étayer ses accusations.

Abattus comme des sangliers

On peut mourir en Corse pour des élections. Le 20 mars 2011, tard dans la nuit, au terme d'une longue soirée de premier tour des élections cantonales, Dominique Domarchi rentre chez lui, à Sant'Andréa-di-Cotone. Il n'a pas vu l'homme qui l'attendait en retrait et le suit dans l'entrée de sa maison. Les coups de feu ne lui laissent aucune chance. Il s'écroule au pied de l'escalier, mortellement atteint. D'après les enquêteurs, les tensions suscitées par le

1. Pierre Siméon de Buochberg, audition en qualité de témoin, section de recherche de gendarmerie de Haute-Corse, 11 septembre 2013.

« réveil économique » de la Plaine orientale ont atteint le plus haut sommet politique de l'île. Selon eux, les causes de la mort de Dominique Domarchi seraient « à trouver dans le conflit sanglant qui oppose plusieurs clans sur la côte orientale de l'île[1] ».

Il n'est pas le seul à avoir été visé par les tueurs. Une nuit noire d'hiver est déjà tombée, ce 4 décembre 2011 vers 19 h 30, sur les maisons d'Abbazia, lieu-dit de Prunelli-di-Fiumorbo, au cœur de la Plaine orientale. De son salon, Jacques Paoli ne voit pas, lui non plus, à l'extérieur l'homme de petite taille, habillé comme un chasseur, le visage caché par une cagoule et des lunettes de ski, qui le met en joue. Les tirs sont précis. Dans les secondes qui suivent, sa femme et leur invitée voient l'homme entrer dans le salon pour finir le travail à bout portant. Le tueur relève la tête, fait mine de les viser puis quitte les lieux sans se précipiter. Les gendarmes diront qu'il a « tué comme on chasse le sanglier ».

L'ombre des successeurs de la Brise de mer

Maire, conseiller influent du patron de l'île – Paul Giacobbi – et homme fort de la Plaine orientale, Dominique Domarchi a laissé le souvenir d'une personnalité crainte et controversée. Lors de ses obsèques, en l'église de Sant'Andréa-di-Cotone, la foule s'interroge sur le lien entre

1. Section de recherche de la gendarmerie de Haute-Corse, Synthèse rédigée sur cet homicide aux affaires de la Plaine orientale, fin 2013.

ce sort funeste et ses relations. Comme pour Jacques Paoli, un nom revient dans les discussions, celui de François Giacobetti, dit «Fanfan», proche de la famille Domarchi. Il n'est pas inconnu des policiers spécialisés en matière de lutte contre le crime organisé corse[1]. «François-Marie Giacobetti, de Ghisonaccia, est un malfaiteur notoirement connu et lié au clan de Jean-Luc Germani [ancien braqueur et beau-frère de Richard Casanova], du fait d'antécédents communs, notamment parisiens, dans l'affaire dite du Wagram [extorsions dans les cercles de jeu parisiens]. L'intéressé est visé par des investigations du fait de relations établies avec la SARL Dani, elle-même liée à l'entreprise Brandizi[2].»

Le groupe Germani, selon ces policiers spécialisés, aurait pu jouer un rôle dans la chute de la Brise de mer, entre 2008 et 2009, en s'affichant comme l'exécuteur testamentaire de Richard Casanova, tué par ses ex-amis de la Brise. Puis, le même groupe Germani aurait pu avoir le projet de se substituer au puissant gang bastiais pour prélever sa part sur l'économie locale. Une ambition qui venait heurter de plein fouet les intérêts des tenants de l'ancien système. C'est pendant ces années que les entreprises Brandizi et Dani, proches de Fanfan Giacobetti, sont entrées en concurrence avec les groupes de BTP déjà en place, comme la société Vendasi[3].

1. Brigade nationale de lutte contre le crime organisé corse (BNLCOC), basée à Nanterre (Hauts-de-Seine).

2. BNLCOC, Transmission partielle de procédure, dossier Leccia, 27 novembre 2014.

3. François-Marie Giacobetti a été condamné le 16 octobre 2014 à 30 mois de prison ferme par la cour d'appel de Paris dans l'affaire dite «du Wagram».

Lors de son audition, Fanfan Giacobetti se déclare «exploitant fourrager» et salarié de l'entreprise Dani. Il relate qu'il connaît Jacques Paoli «depuis 2007 ou 2008» et qu'ils ont «sympathisé[1]». Il ne dissimule pas non plus sa proximité avec l'un des fils Domarchi. Ces liens relationnels ne sont en rien des preuves de culpabilité et ne présupposent pas non plus de liens de sujétion. Ils illustrent, *a minima*, une organisation sociale corse où se mélangent des profils de toutes sortes et qui peut dessiner des sphères d'influence. Mais aucune enquête judiciaire ne parviendra à démontrer que Dominique Domarchi a déclenché un bain de sang en voulant favoriser, en sous-main, les intérêts d'un nouveau groupe criminel concurrent à la Brise de mer, qui dominait jusqu'alors la Haute-Corse.

Si l'État de droit semble bien en peine de s'imposer sur cette île, la loi mafieuse, elle, continue de s'appliquer sans coup férir. Le 23 janvier 2012, alors qu'il vient tout juste de quitter, à bord de son véhicule, la carrière de Brando, Albert Pieri, dit «Bébert» ou «le Chauve», homme au carrefour du nationalisme et du grand banditisme, mais aussi bras droit des patrons du groupe Vendasi, est surpris par deux tucurs à moto. Les tirs lui font perdre le contrôle du véhicule et le précipitent au fond d'un ravin, le corps criblé de balles. «Une réponse aux morts de Domarchi et Paoli», disent alors les policiers. La litanie des assassinats ne s'arrête jamais, car ils ne sont pas les révélateurs d'une flambée

1. François-Marie Giacobetti, Procès-verbal d'audition en qualité de témoin dans le cadre de l'enquête ouverte après la mort de Jacques Paoli, 4 avril 2013.

de violence mais juste le mode de régulation d'un système mafieux.

Un président entouré de cadavres exquis

L'assassinat, en 2011, de l'un de ses deux plus proches conseillers, Dominique Domarchi, avait déjà fait basculer Paul Giacobbi du côté obscur de l'engagement politique. Depuis janvier 2013, il vit sous protection policière. Est-ce cela le prix à payer pour devenir, en 2010, patron politique et financier de l'île? Qualifié de «bébé du clan Giacobbi», même le parc naturel régional de Corse (PNRC) a été touché par la violence. Le 25 avril 2013, Jean-Luc Chiappini, maire de Letia et président du parc, est abattu au volant de sa voiture. Les enquêtes menées sur la gestion du parc offrent, par ailleurs, une photographie rare d'un système où se mêlent fraude aux marchés publics, corruption et assassinats d'élus.

Ce n'était pas la première mort reliée au parc régional. Le 16 janvier 2009, un autre élu, Jean-Marc Nicolaï, maire de Casalabriva de 1995 à 2002, a été tué dans son hall d'immeuble, à Ajaccio. Les enquêteurs ont découvert qu'il a joué le rôle d'intermédiaire entre M. Chiappini, président du parc régional, et les représentants d'Aprochim, une société de la Mayenne spécialisée dans la décontamination des équipements électriques. Interrogés, les dirigeants de cette entreprise finiront par révéler l'existence d'un pacte de corruption, *via* M. Nicolaï, mettant en cause Jean-Luc Chiappini.

Aprochim avait remporté un marché de traitement des dépôts sauvages et de véhicules hors d'usage sur deux secteurs du parc régional, d'un montant de 667000 euros. Marché que la commission d'appel d'offres du parc régional lui attribue le 12 novembre 2004. Selon le patron d'Aprochim, une rencontre s'est tenue la veille, au café de la gare de Corte (Haute-Corse), entre M. Chiappini et deux de ses représentants. Lors de l'entretien, le président du parc régional aurait conditionné son accord à la majoration de l'offre de 10 %, comme l'indique un courriel daté du jour, relatant la réunion et les pressions pour que l'argent soit rétrocédé en espèces.

Le coup de grâce

Mais que dire de la mort, le 23 mars 2014, de Jean Leccia, directeur général des services du conseil général de Haute-Corse, tué un soir d'élection municipale ? Fidèle collaborateur de Paul Giacobbi au département, il était resté au conseil général de Haute-Corse après le départ en 2010 de son ancien patron à la collectivité territoriale. Choqué, M. Giacobbi, le 1er avril 2014, s'exprime publiquement sur tous ces assassinats : « Nous sommes malades de ce virus issu du croisement mortifère de la cupidité et de la violence [...]. Il faudra beaucoup de chance pour parvenir à confondre les coupables. Identifier et punir les criminels ne suffit pas, il faut parvenir à guérir notre île et chacun d'entre nous, à commencer par les responsables publics[1]. »

Il pointe, dans son texte, deux chantiers qui ont, selon lui, transformé les élus et les fonctionnaires en cibles vivantes : les « efforts déployés par l'État et la CTC [...] sur le contrôle des marchés publics » et la future « adoption du plan d'aménagement et de développement durable de la Corse résolument orienté contre la spéculation immobilière ». En guise de conclusion, il ajoute : « Écrivant cela, et surtout menant une telle action, je peux moi-même être menacé. » C'est en effet son héritage et son autorité qui semblent visés par cette violence.

Jean Leccia est le mort qui va le contraindre à se jeter enfin dans la mêlée. Paul Giacobbi tente, à partir de 2014, de reprendre la main en direct sur les affaires de Haute-Corse, avec toujours l'assistance, bien sûr, de Mimi Viola. Une rencontre est organisée dans un hôtel, avec tous les affidés du clan pour resserrer les rangs. Mais ils vont surtout mettre à l'écart l'un des fils de Dominique Domarchi, Stéphane, qui a repris les fonctions du père sur la Haute-Corse, après sa mort en 2011. Ce qu'ils ne savent pas, c'est que de décembre 2014 à juin 2015, les policiers ont placé Stéphane sur écoute téléphonique. Officiellement, observent les enquêteurs, Stéphane Domarchi, jusqu'à la fin 2014, n'est qu'un fonctionnaire d'une trentaine d'années, de catégorie C, détaché auprès de Joseph Castelli, président (PRG) du conseil général de Haute-Corse. En réalité, écrivent-ils, il était « le véritable patron du département ».

1. Paul Giacobbi, Texte publié sur son blog, 3 avril 2014.

En 2012, Stéphane Domarchi devient le «président bis» de la Haute-Corse auprès de Joseph Castelli avant d'être prié fin 2014 de quitter ses fonctions par le nouveau président (PRG) du département, François Orlandi[1]. «Dans l'ombre, résument les policiers, les Domarchi ont géré depuis quinze ans toute la cuisine électorale et clientéliste de M. Giacobbi.» Néanmoins, les écoutes montrent que M. Domarchi continue, en 2015, à veiller sur les affaires publiques. Il conseille la nouvelle directrice des services sur la gestion des marchés publics pour qu'elle préserve les «équilibres» de l'île.

Dénonçant à l'un de ses interlocuteurs, élu de Plaine orientale, la vague de «moralisation» en cours et soulignant l'existence de nombreux cas d'emplois fictifs autres que le sien, il s'insurge : «Mais que veulent les maires? Des emplois, des subventions, une voiture et des cartes d'essence...» D'après lui, faute de subvenir aux besoins de leur clientèle, les membres du clan Giacobbi «vont dans le mur et vont perdre les élections». Une prédiction confirmée lors de la défaite surprise de Paul Giacobbi, fin 2015, à la CTC. Stéphane Domarchi ne sera jamais inquiété dans l'affaire Leccia.

Le système Giacobbi s'effondre

Faute d'avoir veillé lui-même sur son clan et pour avoir refusé d'ouvrir les yeux sur le prix de sa réussite politique,

1. BNLCOC, *op. cit.* Appréciation au sujet de Stéphane Domarchi qu'elle qualifie également «d'individu aux responsabilités aussi floues que présumées déterminantes au conseil général de Haute-Corse».

Paul Giacobbi va tomber avec tout le système qui porte son nom. Sa défaite à l'élection territoriale, fin 2015, résonne comme un coup de tonnerre dans l'histoire politique corse et consacre le triomphe des autonomistes, alliés aux nationalistes. Mais avant cela, il est mis en examen le 21 juillet 2015 dans l'affaire dite «des gîtes ruraux», alors qu'il est encore président du conseil exécutif de l'île[1].

Le dossier des gîtes ruraux a commencé en avril 2011. L'organisme anti-blanchiment français, Tracfin, repère des mouvements de fonds suspects sur des comptes Domarchi. Plus de 95 % des subventions ont été versés à des personnes demeurant dans le secteur de Venaco (Haute-Corse), le fief électoral et familial de Paul Giacobbi, dont la garde rapprochée n'avait, jusqu'à cette affaire, jamais été directement mise en cause dans une affaire judiciaire.

À ce jour, la mention la plus préjudiciable était apparue dans un dossier visant des marchés publics présumés truqués entre 2001 et 2010 dans les Bouches-du-Rhône, alors instruit à Marseille, et qui avait également touché le conseil général de Haute-Corse. Dans un procès-verbal daté du 9 novembre 2010, trois enquêteurs relatent la confession surprise de Pierre Olmeta, alors directeur des interventions sanitaires et sociales du conseil général de Haute-Corse, qui assumait seul jusque-là une fraude supposée de près de 3 millions d'euros.

---

1. En 2019, dans l'affaire dite «des gîtes ruraux» de Haute-Corse, M. Giacobbi a été définitivement condamné à 3 ans de prison avec sursis, 5 ans d'inéligibilité et 25 000 euros d'amende pour détournement de fonds publics au préjudice du département de Haute-Corse, qu'il a présidé de 1998 à 2010.

«Je balance tout mais je ne signe rien, commence-t-il. Depuis que je suis au conseil général, j'ai toujours été soutenu par le président Giacobbi et ses deux conseillers, Dominique Viola et Dominique Domarchi [...]. J'ai introduit mon cousin au sein du cabinet du président et j'ai arrangé les marchés pour que ses sociétés puissent les obtenir. En contrepartie, il me remettait 23000 à 24000 euros par marché que je remettais aux deux conseillers du président.» Le 10 janvier 2011, face au juge, il reviendra sur ces déclarations, plaidant la fatigue, et M. Giacobbi ne sera pas inquiété.

Jeudi 25 juin 2015, alors qu'il a déjà reçu sa lettre de convocation dans le dossier des gîtes, Paul Giacobbi prend la parole devant l'Assemblée de Corse et répond aux griefs formulés à son encontre. «Depuis cinq ans, je me suis efforcé de remettre de l'ordre sur un certain nombre de sujets, je sais que cela gêne [...]. Il n'y a pas de système [...], le travail, je sais que c'est difficile à comprendre pour ceux qui ne fichent rien, le respect, c'est difficile à comprendre pour ceux qui ne respectent rien.» La justice, elle, estime au contraire qu'il a été «le grand ordonnateur d'un système dont il a été le premier bénéficiaire à des fins politiques».

Près de 500000 euros ont été soustraits au département de Haute-Corse entre 2007 et 2010. Pour sa défense, M. Giacobbi affirme que «l'administration avait failli» et que sa signature a été imitée. Il a réfuté, par ailleurs, «le mobile électoraliste» de ce détournement, car, a-t-il dit, s'il avait voulu «arroser», il l'aurait «fait avant et de manière différente», précisant que «distribuer 100000 euros n'a aucun impact politique». Plus tard, il dira avoir été dupé par ses conseillers.

La vraie sanction

Redevenu en 2015 simple conseiller territorial, il conserve encore deux ans son mandat de député. Mais ceux qui le croisent et le voient errer dans les couloirs du palais Bourbon, à Paris, s'inquiètent de son état psychologique. Il sait que les rendez-vous judiciaires vont se succéder. Mimi Viola, lui, fidèle à sa prudence légendaire, passera entre les gouttes de la justice et saura se faire discret à la tête de la mairie de Saint-Pierre-de-Venaco. Toutes ces années, en dépit de ses fonctions officielles, il s'est bien gardé de signer lui-même des documents. Son bureau, au conseil général de Haute-Corse comme à la collectivité territoriale, était célèbre pour être toujours libre de tout papier, une habitude qui lui a permis d'éviter les foudres de la justice, à la différence de son ami Paul. Objectivement, aucun élément ne l'incrimine.

Les gardes à vue, la sanction judiciaire et l'infamie de l'inéligibilité viendront sceller le destin de Paul Giacobbi avant même qu'il ne perde tous ses mandats. Les assassinats de proches auront ponctué l'exercice de son pouvoir en Corse et l'ombre de la mafia insulaire n'aura jamais été aussi visible que lors de sa présidence à la CTC. Mais la condamnation la plus dure est passée inaperçue aux yeux des observateurs continentaux. Elle n'a pas été prononcée par des magistrats et ne revêt pas de dimension morale.

Lors du premier procès de l'affaire des gîtes ruraux, à Bastia, le 25 novembre 2016, au cinquième jour d'audience, Jacques Costa, maire de Moltifao, président de la commission du monde rural de 2008 à 2013, dénonce le rôle central joué par les deux éminences grises de Paul Giacobbi, Dominique Domarchi et Mimi Viola. Selon lui, à partir de 2008, les élus n'avaient plus aucun pouvoir, pas plus que les responsables administratifs, dont Jean Leccia, n'avaient de marge de manœuvre. Lui-même poursuivi, M. Costa sera relaxé dans ce dossier. Quant à Mimi Viola, rien ne permet de démontrer qu'il est sorti de son rôle de conseiller.

Les mots de Jacques Costa sont choisis. Derrière un ton faussement naïf et des propos qui laissent croire qu'il plaide sa cause devant la justice en chargeant d'autres personnes, une autre partie se joue. Il distille, peut-être, un autre message : le désaveu de celui qui a failli en tant qu'héritier du clan Giacobbi, faute d'avoir été capable d'assumer la fonction. De plus, Jacques Costa fait partie de la famille du même nom qui règne sur la commune de Moltifao, dont il est le maire. C'est l'un de ses frères, Maurice, qui avait joué un rôle central pour convaincre Serge Grisoni, en 1998, de trahir son camp et permettre à Paul Giacobbi d'accéder à la présidence du département de Haute-Corse. Par ailleurs, sans doute exprime-t-il sa propre rancœur de ne pas avoir été davantage considéré par Paul Giacobbi.

Enfin, si l'on en croit Claude Chossat, premier repenti de fait du crime organisé insulaire, le poids de la parole de Jacques Costa n'a pas échappé à une partie de la société corse. Car, selon lui, « la Brise de mer pouvait compter sur bon nombre de relations politiques [...], mais des contacts étaient noués *via* Jacques Costa avec Paul Giacobbi[1] ». Des liens que ce dernier a toujours démentis. Symbole du déclassement des Giacobbi, c'est ce même Jacques Costa qui a repris, depuis 2013, la présidence du parc naturel régional de Corse, fondé, en 1965, par François Giacobbi qui le considérait comme son joyau.

Sur le terrain criminel insulaire, la chute du clan Giacobbi lève le voile sur une autre réalité. La disparition de la Brise de mer en tant que structure organisée et dominante sur la Haute-Corse a ouvert des espaces. Et les appétits sont nombreux. D'autres clans mafieux déjà installés sont tentés de mettre la main sur les restes de l'empire déchu de la Brise et de ses affidés. Mais de jeunes voyous ambitieux sont aussi convaincus qu'ils peuvent tirer profit de cette transition au sein de la gouvernance mafieuse corse. Et, pour eux, s'il n'est pas simple de se faire une place dans ce monde structuré, c'est le moment ou jamais.

1. Claude Chossat, *Repenti*, Fayard, 2017 ; propos confirmés lors d'entretiens avec l'auteur.

Chapitre 4

Quand la mafia fait régner l'ordre

Cachés derrière les vitres sans tain de leur camionnette sur un parking de Moriani-Plage, station balnéaire sans âme de la Plaine orientale, les gendarmes de la section de recherche sentent que quelque chose d'important se déroule sous leurs yeux. Dans l'habitacle de leur « sous-marin », la tension monte. Grâce à leur téléobjectif, ils surveillent deux hommes en pleine discussion à l'arrière du Lido, un restaurant situé face à la mer surmonté de deux étages d'appartements en location. Tous deux sont en jean, habillés d'un haut foncé, sans doute une marque à la mode, et coiffés de casquettes noires. Le premier est jeune, 24 ans, aussi grand et fin que le second, âgé de 48 ans, est petit et râblé.

Ils viennent à peine de se retrouver, il est tout juste 11 h 40, ce 26 octobre 2011. Le soleil, déjà haut dans ce ciel d'automne, donne une lumière blanche, presque éblouissante, qui permet de bien distinguer, même de loin, les gestes de ces deux figures de la voyoucratie insulaire.

L'aîné, Christian Leoni, va et vient, nerveux. Il semble contrarié et parle en agitant les mains devant son cadet, Carlu-Andria Sisti, immobile, qui garde la tête baissée, comme s'il se faisait tancer. Il lève parfois la tête, le regard méfiant, paraît fixer au loin les gendarmes, comme s'il avait deviné qu'ils faisaient au même moment l'objet d'une surveillance policière[1].

L'échange dure à peine plus de cinq minutes. Les deux hommes se dirigent ensuite vers une berline bleu foncé, aux formes rondes – la voiture de Leoni, une Lancia blindée aux vitres noires teintées. Carlu-Andria monte comme passager et le duo quitte le parking du Lido en direction de Bastia. Les gendarmes sont contraints de les laisser filer. Ils savent que les filatures hors saison, sur cette île, sont quasiment impossibles à tenir. C'est le meilleur moyen de se faire repérer. Quand les touristes ont disparu, quand les plages sont vides ou que les routes menant aux villages reculés de montagne ne sont plus fréquentées, tout véhicule inconnu est identifié.

Pourtant, ils ne semblent pas si contrariés de perdre leur trace. Car, en réalité, ils ont un coup d'avance. Depuis le 16 juillet 2011, ils ont placé des micros dans la voiture de Carlu-Andria et dissimulé un GPS sous le châssis, de quoi connaître ses mouvements et entendre ses conservations. C'est ainsi qu'ils ont pu se trouver au bon endroit et le photographier en grande discussion avec Christian Leoni.

1. Description faite sur la base du procès-verbal du 27 octobre 2011, relatant la surveillance de Charles-André Sisti, le 26 octobre 2011, par le groupe d'observation de la section de recherche d'Ajaccio.

Et cette rencontre n'est pas anodine. Elle est la preuve de l'association de deux générations de voyous.

Leoni, «l'empereur de Moriani», tient sa renommée de son appartenance au deuxième cercle du gang mafieux de la Brise de mer, qui a régné pendant près de trente ans sur la Haute-Corse. Carlu-Andria, lui, est le fils d'une figure historique du nationalisme, mais il a migré vers le banditisme et aspire à se faire une place au soleil de la mafia corse à la tête d'une petite équipe de malfrats qu'il codirige avec son cousin, Jean-Dominique Cortopossi.

Leoni, le mentor

Deux fois plus âgé, Leoni est le mentor de ces jeunes aux dents longues. Il s'en sert comme hommes de main, garde rapprochée, collecteurs de fonds contre rémunération prélevée, notamment, sur l'argent des machines à sous placées dans les bars. Comme les voyous sont prompts à moquer les caractéristiques physiques, Leoni a de nombreux surnoms : «le petit», «le skipper», «le commandant», «*u goffu*» («le moche», en corse), «le labrador», ou encore «tête écrasée». Officiellement, il est gérant de sociétés implantées sur la Plaine orientale, et déclare une quarantaine de personnes grâce à une activité immobilière importante, mais il est surtout connu pour diriger Corsica Façades, dont l'activité est florissante.

Il est aussi gérant de la SCI Le Lido, le restaurant au pied du petit immeuble bordé d'un terrain de pétanque, derrière lequel il a retrouvé Carlu-Andria le matin du 26 octobre.

Sept mois plus tôt, alors que l'ensemble était encore en construction, il a été visé par un attentat à l'explosif. Craignant de voir Leoni se faire justice lui-même, les gendarmes ont décidé de le surveiller de plus près, ainsi que l'équipe de jeunes gravitant autour de lui. Sans doute pas assez. Dans la nuit du 26 juin 2011, vers minuit et demi, deux charges explosives détruisent la résidence presque achevée « Les Villas Melody », à Santa-Maria-Poggio, construite par Paoli Construction, société du nom de Charles-Philippe Paoli, un dirigeant nationaliste connu de Haute-Corse.

La justice ne fera le lien formel entre cet attentat et l'équipe Leoni qu'en mars 2012, quand elle découvrira l'ADN de Jean-Dominique Cortopossi sur la porte de l'un des appartements de la résidence en construction. Deux jours après l'attentat contre les Villas Melody, vers 14 heures, alors qu'il vient de déjeuner avec les sous-traitants ayant participé au projet, le même Charles-Philippe Paoli, roulant sur son scooter, est abattu par deux individus sur une moto.

Deux ratés pour les forces de l'ordre, qui font mauvais genre. La justice et les gendarmes décident donc d'élever encore d'un cran le niveau de surveillance et sonorisent le véhicule de Carlu-Andria Sisti, en juillet 2011. Le climat de tension fait craindre le pire. Les enquêteurs aperçoivent parfois Leoni la tête couverte d'une perruque, et observent une forme au niveau de son ventre qui ressemble fort à une arme. Alors qu'il fait halte à une station-service à Furiani, une personne lui adresse le bonjour. En réponse, comme s'il se parlait à lui-même, il lâche, nerveux, comme une menace : « Ça va, on se laisse pas faire, on est là, on n'est pas seul[1]. »

La face cachée de Christian Leoni a été, en partie, dévoilée par Claude Chossat, petite main de la Brise de mer devenue le premier repenti de la mafia corse – même si la justice lui en a refusé le statut, non sans lui avoir, au préalable, soutiré maintes informations. « Leoni était l'homme de confiance de Francis Guazzelli – l'un des membres fondateurs de la Brise de mer – et il était même le parrain de l'un de ses fils, Richard. Leoni était notamment chargé du placement et de l'encaissement des machines à sous, ainsi que de récupérer l'argent de certaines sociétés faisant de la promotion immobilière dans la région, puis de faire le partage entre les membres de la Brise[2]. »

Les confidences de Chossat permettent d'apprendre que jusqu'à l'assassinat de Francis Guazzelli en novembre 2009, ce dernier touche sa dîme sur les marchés de promotions immobilières de la région mis en coupes réglées par le duo Christian Leoni-Charles-Philippe Paoli, le même dirigeant nationaliste tué le 28 juin 2011, montrant ainsi que l'allié d'hier peut vite devenir l'ennemi. « Avec son entreprise Corsica Façades, Leoni avait plein de chantiers sur la Plaine orientale, jusqu'à Porto-Vecchio. Il faisait les façades de

1. Éric Fraticelli, audition en qualité de témoin, 6 février 2012.

2. Claude Chossat, entendu le 17 novembre 2011 dans le cadre de l'enquête sur l'assassinat de Christian Leoni. Commission rogatoire délivrée le 4 novembre 2011 par M. Thierry Azema, vice-président du tribunal de grande instance de Marseille, chargé de l'instruction relative à l'information n° 611/00004 suivie contre X du chef d'homicide volontaire commis en bande organisée et avec préméditation au préjudice de Christian Leoni (faits commis à San Nicolao, le 28 octobre 2011).

toutes les promotions immobilières auxquelles il participait avec Guazzelli et Paoli. Il était aussi propriétaire, en sous-main, avec Francis Guazzelli, du bar l'Hippodrome à Biguglia et de l'hôtel Ostella. Et il touchait des revenus de locaux commerciaux sur Moriani, près du supermarché en bord de nationale, et du Corsica Bar, à Moriani-Plage. » Des établissements qui ont depuis changé de mains.

Ce 26 octobre 2011, grâce à la sonorisation de la voiture de Carlu-Andria Sisti, les gendarmes entendent de nouveau sa voix vers 18 heures. Il conduit souvent en poussant la chansonnette en corse. Cette fois-ci, il est accompagné de son alter ego, Jean-Dominique Cortopossi, cousin au troisième degré, qui paraît avoir un ascendant sur lui. On les entend parler à des gens, fenêtres baissées[1]. Ils s'arrêtent, par exemple, à la hauteur d'un homme qui leur doit 800 euros. Il ne les a pas. Cortopossi dit que s'il ne paie pas, « ils vont s'énerver ». Un peu plus tard, d'autres sont

1. Récit tiré des retranscriptions de la sonorisation installée le 16 juillet 2011, sur le véhicule Polo conduit par Charles-André Sisti, enregistrées le 26 octobre 2011. Interrogé le 6 novembre 2011 sur le contenu de ces conversations, Jean-Dominique Cortopossi avait démenti toute activité illégale et indiqué n'avoir aucun souvenir de ces échanges. De même, Carlu-Andria Sisti, entendu le 9 décembre 2011 par la juge d'instruction bastiaise Joëlle Lesparre, a dit n'avoir gardé aucun souvenir de ces propos, a démenti toute association de malfaiteurs et assuré que s'il s'agissait de sa voix, cela relevait de simples plaisanteries. Par ailleurs, cette sonorisation a été annulée, le 13 mars 2013, par la chambre de l'instruction de la cour d'appel de Bastia à la suite d'une erreur de procédure du magistrat instructeur. Les éléments fournis par cette sonorisation n'ont donc aucune valeur judiciaire. Ils ne peuvent être retenus à charge contre les intéressés, ou considérés comme des preuves de culpabilité. Cependant, ces informations, provenant d'une interception dont la loyauté technique ne peut être remise en cause, sont ici évoquées au titre de contexte et d'ambiance afin de décrire un phénomène de violence relevant de l'intérêt général.

convoqués au Mondo Café, leur QG sur la commune de Migliacciaro.

C'est la version brute de la vie du voyou corse, une plongée sans filtre dans son quotidien. Vers 19 h 30, des bruits de culasses précèdent une discussion où il est question « d'aller chercher des armes en Belgique », puis on évoque le cas « d'un mec qui a fait une cagade [...] quand il a fallu tirer, il a pas voulu[1] ». On n'en saura pas plus. Carlu-Andria parle des 1000 euros que Christian Leoni lui a donnés le matin même. Les propos sont hachés, pleins de sous-entendus, de mots codés et de surnoms, parfois c'est la technique qui fait défaut et l'échange est inaudible. À la seule lecture des retranscriptions, il est bien difficile de comprendre le sens de leurs propos.

Tout policier ou gendarme ayant ainsi passé des heures, des mois, le casque sur les oreilles, à écouter les conversations confuses et inexploitables de voyous, rêve, un jour, de surprendre une vraie discussion, structurée et détaillée, permettant de lever le voile sur ce monde occulte et de saisir, de l'intérieur, le fonctionnement d'un système criminel complexe. Ce miracle va se réaliser, ce jour-là, sans prévenir, à deux reprises. Un moment rare de transparence dans un univers opaque. La lumière va se faire sur les projets de ces deux jeunes hommes de 24 ans qui possèdent déjà les codes de la criminalité insulaire et ne veulent plus jouer les seconds rôles.

Entre 20 h 12 et 20 h 48, Jean-Dominique Cortopossi se lance dans une longue explication à l'adresse de

1. *Ibid.*

Charles-André Sisti. Il lui expose, avec force détails, la stratégie de positionnement qu'ils doivent adopter dans le milieu de la voyoucratie locale, avec Christian Leoni, mais aussi avec le clan adverse, celui dit du Master Café, et même avec les nationalistes. «Ils veulent devenir une grosse équipe pour pouvoir compter sur le secteur», écrivent les enquêteurs, qui ajoutent : «Ils parlent de projets d'assassinats qu'ils comptent réaliser et affirment qu'ils ne craignent plus rien[1].»

D'un coup, l'enquêteur a le sentiment de s'asseoir, sans être vu, à la table des voyous, comme s'il entrait dans leur cerveau et disposait, enfin, d'une vue d'ensemble sur un milieu criminel. «Au travers de cette discussion, indique-t-il à la juge d'instruction saisie de l'affaire, on comprend toute l'implication et les ambitions sans limite et sans concession de Jean-Dominique Cortopossi, qui se pose en meneur de jeu, et de Charles-André Sisti. Ces deux individus sont prêts à tout pour devenir des leaders d'une équipe structurée et particulièrement active dans le milieu de la voyoucratie insulaire.»

Grâce à la balise GPS posée sous la Polo, les gendarmes retrouvent cette fois-ci la voiture elle-même, vers 21 h 20, garée devant le café Le Sax, un repaire nationaliste au cœur de Bastia, où sont entrés les deux jeunes. C'est Carlu-Andria qui a la fibre politique. Son père, Antoine-Joseph Sisti, dit «Jo», est une figure respectée de cette mouvance dans l'île. Il a été secrétaire général de l'ANC (Accolta

1. Procès-verbal de renseignement et d'annexion, 29 octobre 2011. Mise en corrélation des renseignements contenus dans les transcriptions des conversations interceptées dans le cadre de la sonorisation du véhicule Polo VW.

naziunale corsa), l'un des trois mouvements nationalistes nés en 1989 de la scission du FLNC originel. Carlu-Andria est membre d'une association de jeunes nationalistes de la micro-région du Fiumorbo, « Svegliu di a ghjuventu fiumorbaccia ». Le 21 janvier 2008, il a été arrêté lors d'une manifestation de soutien à Félix Benedetti, le gérant du Sax, alors en garde à vue, frère de Paul-Félix Benedetti, chef du Rinnovu et élu nationaliste.

Cortopossi, que tout le monde appelle « Corto », n'a rien d'un politique. Il a 3 ans quand ses parents se séparent, en 1990. Son père dit que son fils a été marqué par un souvenir familial survenu avant même qu'il naisse : l'assassinat, en 1982, de son oncle. Non élucidé par la justice, ce meurtre l'aurait hanté après que Corto a appris, d'une source locale, le véritable nom du tueur. Il tombe dans la délinquance avec des copains rencontrés dès le collège à Cervione et grandit avec son cousin Carlu-Andria. La justice le connaît déjà pour recel de voiture volée, association de malfaiteurs, et les policiers le décrivent comme très dangereux, un sentiment partagé dans le milieu. Officiellement, il a une entreprise d'électricité nommée JDC ELEC, justifiée par le BEP d'électricien qu'il a tenté à Marseille.

Le duo sort du bar à 22 h 20 et monte dans la Polo. La discussion entre Cortopossi et Carlu-Andria reprend de plus belle. Après avoir constaté qu'il ne pouvait pas boire plus de deux verres de vin sans que la tête lui tourne, et s'être extasié sur la panzetta (charcuterie) qu'il vient de manger, Cortopossi évoque les propos de Félix Benedetti « qui a du mal à distinguer certaines personnes entre le milieu du nationalisme et des voyous[1]». Le soir, il faut bien quarante-cinq minutes de route pour rejoindre Moriani en partant du centre de Bastia. Ils ont le temps de parler.

Ils détaillent la tactique à suivre pour prendre leur part sur les machines à sous dans la Plaine orientale ou pour ouvrir leur propre boîte de nuit. Mais vouloir exister sur la scène de la voyoucratie, c'est attirer l'attention de poids lourds du milieu, notamment Jean-Luc Germani, beau-frère d'un autre membre fondateur de la Brise de mer, Richard Casanova, tué en avril 2008 – un tournant dans le monde de la mafia insulaire qui a fait imploser un équilibre de trente ans. «Jean-Luc s'est renseigné sur moi, s'inquiète Carlu-Andria. Son témoin de mariage, c'est le témoin de mariage de ma mère…»

Cortopossi le rassure en affirmant que Jean-Luc Germani en veut surtout à Christian Leoni[2]. Néanmoins, s'empresse-t-il de dire, «ce serait une mauvaise chose» car cela les exposerait encore plus par la suite. «Si on nous tue le chef, on est morts, la porte va être ouverte et ça va être un ball-trap[3].» Pour cette raison, poursuit Cortopossi, «le prochain coup de fusil, c'est nous qui allons le tirer, comme les derniers coups, c'est nous qui les avons tirés».

Puis l'introspection s'approfondit. Alors que la route défile, Cortopossi, sur le siège passager, réfléchit à haute voix sur les stratégies d'élimination de concurrents, laissant bouche bée ceux qui l'écoutent à son insu : «Moi je prêche

1. Procès-verbal de transcription de communication téléphonique n° 1511, 26 octobre 2011, 22 h 20.
2. *Ibid.*
3. Procès-verbal de renseignement et d'annexion, 29 octobre 2011, *op. cit.*

pour Courbey[1] [un nationaliste] et pas de tirer sur Maurice, autrement tu te mets des gens à dos... alors que Courbey, on s'en fout, après s'ils disent que c'est nous, on s'en fout, au contraire, les gens, autant, ils t'aident après. De toute façon, ce sera pas pire que maintenant... »

Plus surprenant, malgré leur jeune âge, ils font déjà montre d'une certaine volonté d'émancipation par rapport à Leoni. C'est Cortopossi qui mène toujours la danse. « Christian, c'est la puissance de l'argent, tu vois, même si parfois il peut te faire du tort. Il peut essayer de te maîtriser. Mais même avec le peu d'infos qu'il a des flics, si on les a pas, on est dans le noir total. » Il fait allusion à un règlement de comptes commis grâce à des informations transmises par la police : « Si y a pas Christian, là, dis-moi ce qu'on fait [...]. On monte jamais sur eux[2]. » Néanmoins, selon lui, « les gens peuvent t'en vouloir parce que tu es avec Christian. Il faut que les gens, y comprennent que c'est pas Christian qui nous drive [...], et qu'on prend pas la route qu'il veut qu'on prenne. »

Après s'être félicité d'avoir gagné plus de 100 000 euros grâce au vol de deux voitures et d'un scooter T-Max pour le compte de gens de Ghisonaccia, Cortopossi se fait déposer par Carlu-Andria là où ce dernier se trouvait le matin même, sur le parking du restaurant du Lido, à

1. Cédric Courbey, alors âgé de 45 ans, militant nationaliste de Corsica Libera, proche de Charles Pieri et éleveur, est acquitté dans l'affaire de l'assassinat de Christian Leoni, le 4 juillet 2019, par la cour d'assises spécialement composée de Paris. Il est condamné à 12 ans de prison pour association de malfaiteurs et détention d'armes.

2. Procès-verbal de transcription de communication téléphonique n° 1511, *op. cit.*

Moriani-Plage. La mère de Cortopossi habite dans un appartement du petit immeuble et accueille parfois son fils[1]. Leoni veille ainsi sur sa jeune garde. Il a même confié la gestion du glacier du Lido à l'ex-petite amie de Cortopossi. Puis Carlu-Andria poursuit sa route, il lui reste trente minutes de voiture jusqu'à Migliacciaro où habite sa copine, qui n'a rien d'une admiratrice de voyou.

Le 26 juillet 2011, dix jours après la pose des micros dans la Polo, elle montrait son caractère bien trempé. Elle s'interroge, en présence de Carlu-Andria, sur « les remords que pourrait avoir un tueur, même un professionnel, vis-à-vis de la famille de la victime ». Son conjoint lui rétorque : « Il faut prendre ses responsabilités, si tu tues un voyou, la famille sera endeuillée mais les gens ne seront pas émus. » Sa copine s'énerve et lui dit que ça lui donne envie de vomir. Dans la foulée, elle parle du mot de condoléances qu'elle a laissé sur un pare-brise pour la fille d'un homme tout juste assassiné, qu'elle connaissait à peine.

Assassinat de Leoni

Deux jours plus tard, le vendredi 28 octobre 2011, comme presque chaque matin, Leoni entre au bar Le Corsica, au bord de la nationale qui traverse Moriani. Il est 8 h 30. Le gérant, un ami d'enfance, lui sert son café. Il ne montre aucun signe d'inquiétude particulier. Même si l'ambiance dans la région est tendue et que son nom n'a pas

1. *Ibid.*

bonne presse, il ne se cache pas. La seule précaution visible, sa voiture blindée, fait un peu jaser, mais sans plus. Il se garde d'exposer le Beretta qu'il porte sur lui. Il est rejoint par son frère, Guy, et un autre proche. Puis, vers 9 h 30, il quitte les lieux en saluant l'assistance.

Il lui faut dix, quinze minutes pour atteindre en voiture la grande enseigne rouge indiquant l'emplacement du restaurant-grill U Catagnu, bien visible quand on roule vers le sud en direction de Porto-Vecchio. Sa voiture garée, il entre dans l'établissement et serre la main des clients présents. Faute de trouver le patron qu'il est venu voir, parti faire une course, Leoni ne s'attarde pas et sort par l'entrée principale. Il rejoint son véhicule dont il ouvre légèrement la portière avant de marquer un arrêt. Il vient de recevoir un message qui le fige. Il reste ainsi debout quelques secondes, les yeux rivés sur l'écran de son téléphone.

Les personnes dans le restaurant disent que c'est à ce moment précis qu'ils ont entendu un bruit sourd. Un premier coup de feu vient de claquer. Il a été tiré à près de 60 mètres de la cible. Leoni s'écroule par terre, sur le dos. La stupeur qui frappe les témoins, dans un premier temps, se transforme en vive inquiétude quand ils voient sortir du sous-bois voisin deux hommes cagoulés, gantés, vêtus de tenues militaires noires, portant chacun un fusil d'assaut de type AK 47. Ce qui les effraie le plus, c'est leur calme. Le premier s'immobilise à une dizaine de mètres, en retrait, comme en protection. Le second s'avance jusqu'à Leoni qui gît au sol. Il tire deux autres rafales, la dernière lui arrache la moitié de la tête. La besogne accomplie, ils repartent par où ils sont venus, sans presser le pas[1].

Les gendarmes de la brigade de Cervione sont les premiers sur les lieux et sécurisent la scène de crime. Malgré leur professionnalisme, les assaillants ont laissé des traces. Dans leur fuite, ils ont traversé le petit bois situé derrière le restaurant, puis un petit cours d'eau quasiment à sec mais relativement profond. Pour y accéder, ils se sont accrochés à des branches d'arbres et des prélèvements d'ADN ont été effectués sur l'une d'elles, fraîchement cassée, vraisemblablement utilisée par les auteurs de l'assassinat pour atteindre le lit de la rivière.

Le 23 janvier 2012, la réponse du laboratoire met un nom sur l'un des deux suspects : le nationaliste Cédric Courbey, celui-là même cité par Cortopossi lors de ses conciliabules avec Carlu-Andria dans la voiture. Le 28 novembre 2011, le FLNC avait revendiqué l'opération. Ce jour-là, le groupe clandestin a diffusé un communiqué assumant un certain nombre d'actions violentes, des plasticages de maisons individuelles, mais également l'assassinat de Christian Leoni, en réponse à celui de Charles-Philippe Paoli que l'organisation clandestine avait promis de venger.

La mort de Leoni signe un peu plus la fin du règne mafieux de la Brise de mer dont il se croyait, à tort, l'un des héritiers alors que l'une de ses règles était justement de ne pas en avoir. Des souvenirs tangibles de cette époque dorée où il vivait dans l'ombre protectrice de la Brise, il ne reste

1. Synthèse d'enquête préliminaire, transmise par le parquet du tribunal de Bastia au procureur de la République près le tribunal de grande instance de Marseille, comprenant 67 procès-verbaux, 3 novembre 2011.

que des photos découvertes par les policiers lors de la perquisition de sa maison après son assassinat. Un album le montre en compagnie des anciens barons de ce gang qui a maintenu sous sa coupe la Haute-Corse pendant des années, jouant à la pétanque, conduisant des bolides ou à table, le sourire aux lèvres. On y voit notamment Pierre-Marie Santucci, Francis Guazzelli ou Francis Mariani, qui, comme Richard Casanova, sont alors déjà morts par balles.

À la mi-journée, ce 28 octobre 2011, sur le parking du restaurant U Catagnu, la police scientifique et technique, reconnaissable à la tenue de chirurgien de bloc opératoire, est encore à l'œuvre sur la scène de crime. Les curieux venus jeter un coup d'œil sont tenus à distance. Parmi eux, des connaissances de la victime ont voulu se rendre compte par elles-mêmes d'une nouvelle qui s'est répandue comme une traînée de poudre dans toute la région. La justice, elle, a de nouveau été prise par surprise. Pas découragés, les gendarmes décident, une heure à peine après la mort de Leoni, de se positionner aux abords du parking du Lido, point de chute connu de Cortopossi et de ses amis.

L'après-Leoni

L'intuition est bonne. À 12 h 20, Cortopossi arrive au volant de la Twingo de sa mère, accompagné de son ami Nicolas Boschetti, veste noire et crâne rasé. Ils sont suivis par une Peugeot 207 grise conduite par Jean-Dominique Bonavita, un fils de berger qui était collé à Leoni. Tous trois se connaissent depuis le collège à Cervione. Certains ont rencontré Leoni quand il était président du club de foot l'AS

Costa Verde, les autres l'ont approché pour proposer leurs services de voyous. La tension est palpable, les gestes saccadés, les visages fermés. C'est un coup de tonnerre. Leur mentor et protecteur vient de se faire tuer. Ils sont maintenant à découvert. Ils sont en première ligne.

Après un bref conciliabule, les deux acolytes de Cortopossi attendent qu'il aille chercher un casque de moto dans l'appartement de sa mère au-dessus du Lido, puis ils remontent tous dans la Peugeot 207[1]. Ils vont multiplier les allers-retours entre le domicile de Leoni, le bar Le Corsica et Le Lido. Ils vont fréquemment changer de voiture pour éviter d'être repérés. Par chance pour les gendarmes, ils continuent d'utiliser la Polo de Carlu-Andria Sisti qui se voit, lui, reprocher par sa copine de continuer à fréquenter Cortopossi et de se mettre ainsi en danger.

Les critiques de celle qui partage sa vie ne l'empêchent nullement de poursuivre ses activités. Chez les voyous plus qu'ailleurs, la nature a horreur du vide. Le 30 octobre 2011, dans la Polo qui roule au ralenti, on l'entend prendre en charge la réorganisation des activités gérées auparavant par Leoni et même chercher de nouvelles recrues : « Avec Christian qui est mort, faut travailler un peu et pas glander toute la journée [...]. Avec Untel, c'est 1000 euros par mois, l'autre c'est 4000 euros, mais il veut pas faire les machines[2]. » Puis, il ajoute : « L'enterrement de Christian, c'est mardi, il faut prendre les téléphones et les caisses des machines à sous en bas. »

1. Groupe d'observation d'Ajaccio, Procès-verbal de transcription de communication téléphonique, 29 octobre 2011.

2. *Ibid.*

La mort de Leoni donne tout son sens à la longue discussion qu'il a eue deux jours plus tôt dans la voiture avec Cortopossi, en revenant du Sax, à Bastia. Dès le 29 octobre 2011 dans l'après-midi, accompagné de son frère, il a retrouvé son alter ego à Moriani-Plage, pour voir ce que la disparition de leur aîné signifie pour l'avenir et comment il leur faut désormais agir. « Ils ont parlé stratégie de positionnement dans le milieu local, d'armes mais aussi et surtout d'un nouveau projet criminel d'assassinat », alertent les gendarmes dans leur compte rendu à la justice[1]. Décision est prise dans la foulée de resserrer encore davantage, si c'était possible, la surveillance sur ce groupe pour éviter une nouvelle effusion de sang.

Un risque vite confirmé. Dans la matinée du 3 novembre 2011, des enquêteurs parviennent à suivre la Polo à bord de laquelle se trouvent Carlu-Andria et deux autres personnes. Elle les conduit jusqu'au restaurant Le Bella Vista à San-Nicolao, où ce trio retrouve Cortopossi déjà sur place avec le fils du propriétaire de l'établissement[2]. De leur planque, les gendarmes entendent distinctement au loin des tirs d'arme à feu. Le groupe s'entraîne et pas seulement pour le plaisir. Ils comptent, visiblement, passer à l'action.

La veille, dans l'après-midi, Cortopossi et Carlu-Andria sont allés sur les lieux de l'assassinat de Leoni pour tenter de comprendre comment le commando avait pu opérer. Ils se livrent alors à une véritable analyse technique. On dirait des

1. Section de recherche de Bastia, Procès-verbal de renseignements sur le rapprochement entre les dénommés Sisti Charles-André, Sisti Jacques-André, Chiodi Roger et Cortopossi Jean- Dominique, 5 novembre 2011.
2. *Ibid.*

experts commis par la justice, mais ils ne sont que le révélateur de la culture criminelle existant sur l'île. «On peut voir d'où il a tiré, il aurait pu tirer dans le corps, mais non, il lui en a mis deux dans la tête[1].» Puis, à leur tour, ils semblent réfléchir à leur propre *modus operandi* : «On met la voiture en bas... On rentre dans la maison... On tire le mec de là...» Dans la soirée, ils cherchent «2300 euros pour payer trois calibres, un 357 Magnum, un P.38 et un Glock[2]».

La tension est extrême parmi les héritiers de Leoni, comme au sein des autorités policières et judiciaires, et on peut imaginer que ceux qui viennent d'assassiner Leoni sont aussi sur leurs gardes. Pour les voyous, le dilemme semble se poser en ces termes : riposter immédiatement ou fuir pour éviter d'être pris pour cible. Les habitudes du groupe Cortopossi ont changé dès la nouvelle de l'assassinat connue. Le meneur de la bande, par exemple, ne dort plus chez sa mère au-dessus du Lido, et s'arrange pour trouver un hébergement différent chaque soir[3].

Pour la justice, la question est : faut-il intervenir rapidement, les interpeller et se priver ainsi d'éléments pour les faire condamner, ou attendre trop longtemps au risque qu'un autre bain de sang n'atteste, une nouvelle fois, de sa faiblesse, voire de son impuissance? Mais l'activisme de cette bande, désormais seule en charge de son destin, est tel, sa volonté d'en découdre si flagrante, que les autorités

1. Procès-verbal de transcription de communication téléphonique n° 1600, 2 novembre 2011, 15 h 30.
2. *Ibid.*, 18 h 34.
3. Jean-Dominique Cortopossi, quatrième audition, 6 novembre 2011.

choisissent de procéder aux arrestations avant qu'un nouvel assassinat ne vienne souligner leur incurie.

« Il apparaît clairement, écrivent les enquêteurs, que depuis le décès de Christian Leoni, l'association de malfaiteurs initialement mise en évidence par l'enquête autour de Jean-Dominique Cortopossi et Charles-André Sisti, est en train de s'élargir, avec comme objectif de monter une équipe puissante sur le secteur afin de pérenniser les ententes établies par Leoni, mais aussi de mettre à exécution leurs projets criminels en gestation. »

Cette plongée inédite au cœur même de la vie quotidienne du milieu criminel corse prend fin le 5 novembre 2011. La sonorisation de la Polo permet, une dernière fois, d'être aux avant-postes. Il est 17 h 37 quand les micros, qui n'auront jamais été découverts, laissent entendre le bruit d'une sirène deux tons, celle de la gendarmerie qui s'apprête à intercepter Carlu-Andria. Au même moment, d'autres véhicules interpellent Cortopossi et le reste de la bande. Une décision qui ne faisait pas l'unanimité dans les rangs des enquêteurs. Car taper si vite, c'était prendre le risque que les suspects ressortent libres tout aussi rapidement.

Alliance Corto-Petit Bar

L'arrestation de Cortopossi et de Carlu-Andria Sisti signe la fin d'une pêche miraculeuse. La réaction de colère de Cortopossi lorsqu'il est confronté au contenu des conversations enregistrées dans la Polo laisse deviner la valeur des informations recueillies. Face aux transcriptions, les deux lieutenants de Leoni tâchent de faire bonne figure, nient, ne se souviennent pas, puis parlent de discussions en l'air, pour plaisanter. Les enquêteurs, de leur côté, n'ont pas fini d'exploiter cette mine d'or.

Lors des fameux échanges du 26 octobre 2011 dans la Polo, avant et après la soirée au Sax, à Bastia, Cortopossi et Carlu-Andria pensaient déjà que Leoni allait se faire tuer et se projetaient dans l'avenir. Montrant, à 24 ans, une maîtrise des codes du milieu criminel, ils semblaient aussi avoir assimilé cette spécificité mafieuse qui mélange en Corse voyoucratie et environnement social. De nouveau à la manœuvre, on entend Cortopossi cogiter à haute voix et prouver qu'il n'est pas qu'un homme de main.

« Pour que les gens sachent ce que tu as fait, dit-il à Carlu-Andria, tu continues sur ta lancée, tu te fais ton nom, mais pour ne pas prendre de coups de fusil si t'es trop peu, genre deux ou trois comme nous, il faut que les gens y sachent que tu es dix... C'est là où il faut pactiser avec les Ajacciens, tu vois, ceux du Petit Bar. Avec eux, y a pas de sang qui a coulé et leur chef, Jacques Santoni, lui, les anciens, t'as vu comme ils parlent, même eux ils font attention[1]. »

Avant même que Leoni ne soit plus de ce monde, Cortopossi cherchait donc déjà des alliances avec une autre bande criminelle. Celle du Petit Bar règne sur la région ajaccienne. De la sorte, dit-il, ils pourront « affaiblir certains clans de Haute-Corse » qui voient d'un mauvais œil leur ambition dévorante. Néanmoins, s'empresse-t-il d'ajouter, « même si un type nous fait confiance, un jour, on peut lui

1. Procès-verbal de renseignement et d'annexion, 29 octobre 2011, *op. cit.*

mettre quand même», allusion claire à l'absence totale de règles chez les malfrats qui n'hésiteront jamais à tuer leur ami ou leur allié si les circonstances l'exigent.

De taille moyenne, vif, s'il a le visage d'un gamin tout juste sorti de la vingtaine, Cortopossi a perdu depuis longtemps l'innocence de son âge. Après son interpellation, il ne reste pas longtemps détenu, à la différence de Carlu-Andria. De nouveau dehors, il redouble de méfiance, regarde sans cesse les passages de véhicules, de motos et il quitte rarement sa casquette et ses lunettes noires. Une discrétion qui tranche avec ses vêtements coûteux et voyants. Lors d'une perquisition, les policiers trouveront chez lui une soixantaine de paires de chaussures, plusieurs doudounes Moncler et de nombreux vêtements de marques de luxe.

Son image dans le banditisme a évolué. Les commentaires vont bon train. Ce petit monde pratique l'omerta vis-à-vis de l'extérieur, mais ne cesse en réalité de bavarder sur les affaires du microcosme criminel insulaire. Surtout pour savoir d'où peut venir le danger. Un intérêt qui ne se limite pas au seul milieu. La société corse bruit, en effet, des affaires de voyous car ceux-ci ne vivent pas en marge de la collectivité mais en son centre. Comme le dit Cortopossi : «Il faut que les gens sachent, pour se faire un nom.» Et sa réputation n'a pas tardé à grandir. Un voyou, placé sur écoute téléphonique, se dit ainsi inquiet de le voir lui «monter dessus», parce qu'il avait tenté d'abattre, en 1993, son beau-père, François Masini. Dans un échange, il le définit comme « méchant », puis ajoute, « il est jeune, mais c'est un fou et il est très dangereux[1] ».

En 2012, fidèle à son plan, Cortopossi s'est rapproché du Petit Bar de Jacques Santoni. Il les connaissait déjà par l'entremise de Leoni. Ses allers-retours entre la Haute-Corse et la Corse-du-Sud passent sous les radars des surveillances policières, mais pas sous ceux de témoins attentifs qui l'aperçoivent à la terrasse du bar La Part des anges, à côté du casino, à Ajaccio.

En juillet 2012, il parle de cette alliance à son demi-frère de passage en Corse. « Il m'a dit qu'il s'était mis avec des Ajacciens bien en place, de gros bonnets, les parrains d'Ajaccio », « qui pèsent très lourd dans le banditisme » et « dont le chef, le cerveau, est paralysé et en fauteuil[2] ». Jacques Santoni est, en effet, tétraplégique depuis un accident de moto, en décembre 2003. « Il pensait que c'était des soutiens, mais en se méfiant tout de même [...]. Avec ses amis, Nicolas Boschetti, Jean-Dominique Bonavita et notre cousin Carlu-Andria Sisti, et leurs équipes associées, ils allaient être tranquilles et être respectés. »

La justice n'arrivera à établir formellement sa présence à Ajaccio qu'entre le 4 et le 13 octobre 2012, grâce à l'analyse d'un réseau de téléphones occultes qu'il aurait utilisé pour communiquer avec Jacques Santoni et l'un de ses bras droits, André, dit « Dédé », Bacchiolelli. Le 3 octobre en fin d'après-midi, ce dernier est localisé dans la région bastiaise

1. Procès-verbal d'interception entre A. F. et M. A., incarcéré pour tentative d'homicide sur François Masini, 9 août 2013.

2. Sébastian Buonomo, demi-frère, par la mère, de Jean-Dominique Cortopossi, audition en qualité de témoin, 7 juillet 2013.

avant qu'il redescende, dans la foulée, dans le Sud. Les policiers estiment qu'il est venu chercher Jean-Dominique Cortopossi[1]. Installé à Ajaccio, il reste en contact téléphonique avec ses proches : le 6 octobre, il joint son ex-petite amie ; le 8, il appelle l'entreprise où travaille son ami Nicolas Sforzini.

Pendant son séjour, il aurait habité au-dessus de la Brasserie du Parc, à la sortie d'Ajaccio, en direction de la route des Sanguinaires. Le logement dispose d'une terrasse donnant sur la route longeant la mer et, un peu sur la droite, on aperçoit une station-service Total. Il n'y reste pas cloîtré. Le 12 octobre au soir, il participe à un tournoi de poker au camping de Propriano, à une heure vingt de route, avec des joueurs professionnels, dont un de ses amis. Il en profite pour boire quelques verres, sans excès, au cours d'une soirée qui se termine à 4 heures du matin[2]. Le lendemain, il ne traîne pas et quitte Propriano avant midi.

Le 15 octobre 2012, il se produit un événement inhabituel. Le téléphone occulte de Cortopossi est appelé à six reprises entre 21 h 37 et 21 h 59, visiblement une urgence. Il ne répond pas, il est sur messagerie. Les policiers pensent qu'il est toujours à Ajaccio et que Jacques Santoni a essayé

1. Récit formulé par les enquêteurs sur la base de l'analyse détaillée des téléphones occultes utilisés par les deux hommes. Interrogés sur ces contacts téléphoniques ou ces rencontres, dans la procédure ouverte après l'assassinat, le 16 octobre 2012, de l'ancien bâtonnier Antoine Sollacaro, Dédé Bacchiolelli et Jacques Santoni nient tout contact avec Jean-Dominique Cortopossi et indiquent ne pas le connaître.

2. Procès-verbal de la garde à vue de Stéphane Albertini, ami de Jean-Dominique Cortopossi et joueur de poker professionnel, décembre 2013.

de le joindre. Ces hypothèses seront formulées des semaines plus tard. Pour l'heure, les autorités ne savent pas qu'il est dans le Sud et encore moins en ville. On croit juste qu'il s'est mis au vert.

Le lendemain, le 16 octobre, juste avant 9 heures, l'ancien bâtonnier d'Ajaccio, Antoine Sollacaro, revenu la veille de Marseille par l'avion du soir, vient prendre de l'essence dans la station Total située presque en face de l'appartement de Cortopossi. L'avocat a l'habitude de s'y arrêter entre sa maison, au bout de la route des Sanguinaires, et son cabinet du centre-ville. C'est là qu'il achète aussi son journal. Le patron de la station reconnaît la voiture, une Porsche. Voilà huit jours qu'il ne l'avait pas vue. Ces derniers temps, il s'est absenté de Corse pour des rendez-vous judiciaires sur le continent.

L'avocat n'a pas encore ouvert sa portière que surgissent deux hommes juchés sur une puissante moto. Parvenu à la hauteur de la fenêtre du conducteur de la Porsche, le passager tire et tue Antoine Sollacaro sur le coup. La justice ne pourra faire que des suppositions sur le rôle joué par Cortopossi dans cette affaire. Selon les policiers, il aurait été exfiltré vers Marseille par bateau, un ferry, caché dans le coffre d'une voiture. Mais, là aussi, rien n'a été établi. L'opération a été soigneusement montée.

Cortopossi, l'embellie...

Dans le milieu corse, c'est l'embellie pour Cortopossi. On parle de lui dans les prisons. Les gros voyous se renseignent. En plus de ses affaires en Haute-Corse, des écoutes menées sur les piliers du Petit Bar laissent entendre qu'ils lui versent une part de leurs revenus occultes, comme aux autres membres de ce groupe criminel tout-puissant dans le Sud. Également présenté dans le Nord comme une valeur montante de la Plaine orientale, il se sent pousser des ailes. Les enquêteurs n'ont rien vu de son évolution. Les services de l'État ne se réveillent souvent qu'après les drames.

Le 20 novembre 2012, vers 13 heures, Victor Ferreira de Faria Ribeiro, entrepreneur actif de la région de Moriani, dans la Plaine orientale, sort d'un restaurant au lieu-dit Prunete, à Cervione. Il ne voit pas le commando de deux ou trois hommes qui fonce sur lui. Ils attendaient, en retrait, qu'il termine son déjeuner, et ne lui laissent aucune chance. Il meurt sur le coup. Patron, avec sa compagne, de la société de travaux JVR, il était, ces dernières années, impliqué dans de nombreux complexes immobiliers dans le secteur de Moriani-Cervione. Il avait notamment participé à la construction des Villas Melody, détruites par un attentat, le 26 juin 2011. Sur l'une des portes de l'édifice écroulé, la police avait trouvé l'ADN de Cortopossi.

Le sang a encore coulé et la victime n'avait rien d'un voyou. La justice n'a que des hypothèses. Pour les enquêteurs, tout ramène vers l'équipe Cortopossi. L'entrepreneur était proche du nationaliste Charles-Philippe Paoli, tué le 28 juin 2011, et vengé par le FLNC en revendiquant la mort de Leoni. La juge d'instruction de Bastia, Mme Escola, ne dégage pas «d'éléments probants», comme disent les rapports d'enquête. «Il n'empêche, ajoute la même synthèse, que cet assassinat intervient à un moment où l'équipe Cortopossi semble de nouveau particulièrement active sur le secteur. Il est donc fort probable que Ferreira n'ait pas voulu céder à leur racket et ait été victime de ces jeunes malfaiteurs.»

Trop mobile, trop discret, Cortopossi est difficile à suivre. Fin 2012, tout début 2013, des personnes disent l'avoir vu sur le continent, dans le Sud, jouer au poker ou prendre des verres avec des personnes liées au trafic de stupéfiants dans les Bouches-du-Rhône. Il conserve ses liens avec le Petit Bar tout en développant, avec ses amis, ses affaires dans la Plaine orientale. De nouveau, c'est une sonorisation qui permet de retrouver sa piste et d'avoir une vision précise de ses activités. Cette fois-ci, les micros espions ont été posés au domicile privé d'un membre de son équipe, Nicolas Sforzini, route de Calane, dans la commune de Santa-Lucia-di-Moriani.

Comme souvent, il a fallu un peu de chance pour décrocher de gros lots. Dans la nuit du 23 février 2013, entre 0 h 12 et 6 h 45 du matin, une réunion très particulière se tient chez Sforzini[1]. Outre le propriétaire des lieux, on y trouve «Jean-Do» Cortopossi. L'autre personnage important de la rencontre, selon les enquêteurs, c'est Robert Fani,

---

1. Interrogé par les policiers et le juge d'instruction, Nicolas Sforzini affirme que les propos tenus lors de cette soirée relevaient «d'une conversation fondée que sur des rumeurs ou des éléments de notoriété publique». Il ajoute qu'en dépit des noms et des détails fournis sur l'organisation du trafic de stupéfiants en Haute-Corse, «en aucun cas, on ne peut affirmer qu'il y avait un trafic». Sur son départ précipité hors de métropole, il explique : «J'étais inquiet pour ma vie, mais ça n'a rien à voir avec ce dont on parle. J'ai préféré refaire ma vie loin de tous ces problèmes.»

vingt ans de plus que tous ses interlocuteurs[1]. C'est aussi un proche d'Ignace, dit «Nanou», le père de Cortopossi, qui tient le gîte de Santa Reparata di Moriani. Enfin, on entend une ou deux autres personnes, non identifiées.

Cette longue discussion, très instructive, marque la volonté du groupe Cortopossi de prendre la main sur la totalité du trafic de stupéfiants sur la région de Moriani et montre aussi qu'ils ont besoin d'argent, sans que l'on comprenne pour quoi. Toute la nuit, on les entend à la manœuvre pour convaincre Robert Fani de fusionner ses affaires avec les leurs. Ce dernier résiste et explique, non sans mal, que le marché de stupéfiants, comme celui des machines à sous, est sectorisé, structuré et contrôlé par des équipes déjà en place, comme celle du Master Café, qui a la main sur le secteur du grand Bastia. Robert Fani, lui, dit avoir l'exclusivité entre Folelli et Prunete[2].

Il s'agit bien d'une réunion de travail même si Cortopossi et ses acolytes exercent une pression verbale constante, parfois virulente, sur Robert Fani. Ils lui proposent des gains élevés, vantent la qualité de leur cocaïne et tentent de le rassurer sur leur force de frappe. «Ici, les patrons, c'est nous

---

1. Entendu en simple qualité de témoin assisté, M. Fani a démenti avoir été présent lors de cette soirée. Le 3 septembre 2014, il déclare : «Nicolas Sforzini dit que c'est moi mais ce n'est pas moi. On a passé une soirée ensemble, c'est un fait, mais ce n'est pas moi. J'ai plutôt passé des soirées avec Jean-Dominique Cortopossi. C'est quelqu'un qui s'est fait passer pour moi.»

2. Transcription de la sonorisation du domicile de Nicolas Sforzini le 23 février 2013, réalisée à la demande de la section de recherche de la gendarmerie de Haute-Corse (commission rogatoire délivrée par le tribunal de grande instance de Bastia), versée au tribunal de grande instance de Marseille le 26 mai 2014, dans la procédure ouverte informant contre Camille Abboche et autres pour trafic de stupéfiants, confiée au juge Guillaume Cotelle.

[…], lâche Cortopossi, en plus nous, je te dis, on va gagner des sous, Robert, tu as toujours pas compris, là. Moi je fais tout ! Si je peux, je prends, on fait tout ! Y a personne qui va venir. C'est tout. » Fani ne s'en laisse pas conter : « OK, donc si demain tu fais rentrer de la came, tu peux faire rentrer un ou deux kilos de pure pour en faire cinq ou six ! Mais au bout d'une semaine tu te fais fumer ! »

Cortopossi insiste : « On va les faire, les affaires ensemble ou pas ? » Robert Fani doit sortir du bois. « Non », répond-il, la voix étranglée ; il tente de faire diversion – « Jean-Do ! Achète à Bastia » –, assurant qu'ils seront autorisés à vendre des stupéfiants s'ils s'approvisionnent auprès de ceux qui tiennent le marché. Puis, il enfonce le clou : « Si vous y allez seuls, tu te rends pas compte qu'il y a du lourd, ils sont costauds derrière […], on est tous face à la vie, on sait qu'il y a des choses qui sont pas faisables, si on dépasse les limites, y en a qui se font fumer. »

Pour écarter ce risque et gagner l'adhésion de Fani, Cortopossi a une solution : éliminer la concurrence avant même de commencer à vendre. « Si j'ai la marchandise, avant de l'envoyer, je règle le problème. J'enlève tous ceux qu'il y a. Après on envoie. Tout simplement […]. C'est pas difficile, *amigo*, il suffit de savoir où ils sont, une équipe et on monte. On va finir beaucoup de gens. » Mais une question reste en suspens. Cortopossi ne craint pas l'équipe des jeunes du Master Café mais les vieux qui sont derrière eux, en protection, et qu'il ne connaît pas. « Je sais que demain, si on commence à envoyer, on va se prendre une poubelle, mais on sait pas d'où elle va venir […], c'est pas qu'ils sont plus puissants, c'est qu'ils sont plus malins, parce qu'on sait pas qui c'est.»

Robert Fani saisit la balle au bond : «Par contre, eux, ils savent qui tu es [...], la dernière fois où je les ai vus, ils m'ont dit : "Et le fils du gîte, comment ça se passe pour lui?" Si vous bougez, je crois qu'ils vont le prendre mal. Le monopole, ça fait trente, quarante ans qu'ils l'ont.» Alors qu'à l'extérieur, la nuit se fait moins noire et annonce les prochains rayons du jour, la discussion s'achève. Fani ne ferme pas la porte à une collaboration, il avisera quand ils auront fini leur besogne, ce qui suscite une moue dubitative chez Cortopossi : «Nous, on est des novices, hein, Robert!» Ce dernier ne peut qu'acquiescer : «C'est un métier, c'est un métier...»

Fin de partie pour Cortopossi

Fin juin 2013, les tensions entre le groupe Cortopossi et l'équipe du Master Café sont au plus haut. Cette dernière a tenté au moins une fois, en février, de venir au contact de «Corto» et ses amis. C'est une spécificité de la criminalité corse, on se parle avant de se tirer dessus, histoire d'éviter de tirer des coups de fusil si on peut régler les problèmes par la discussion. Cortopossi a appris que le chef de l'équipe du Master Café et deux autres jeunes, dont le fils d'un pilier du grand banditisme insulaire, en prison pour vingt ans, étaient descendus à Moriani pour les rencontrer. Mais, méfiants, ni lui ni les membres de son groupe ne sont allés au rendez-vous.

Même si, dans leur esprit, il ne s'agissait pas d'un refus de dialogue mais davantage de la crainte d'un guet-apens, ce choix, dans l'esprit des voyous corses, est assimilé à une fin de non-recevoir et signifie que l'on peut dès lors régler ce différend par d'autres moyens que la parole. De quoi accentuer l'inquiétude de Cortopossi, qui confie ses états d'âme à son demi-frère, ostéopathe, parti s'exiler à Paris. Car, fin juin, tombe une nouvelle proposition de rencontre, pour le 2 juillet 2013, tard dans la soirée, sur une petite route sinueuse de montagne bordée de ravins, en Castagniccia. Ils savent juste qu'elle relie les villages isolés de Silvareccio et Ortiporio. «Jean-Do, il voulait pas y aller, dit le demi-frère, au téléphone avec son père. Il disait, moi sur ce truc j'y vais pas ! Déjà c'est dangereux d'aller là-bas la nuit, on connaît pas là où c'est et c'est mal organisé ! Puis, *a priori*, c'était pas vraiment ses affaires ! Il y allait plus pour soutenir les autres[1]... »

Cortopossi avait-il une prémonition? Il s'épanche aussi auprès de sa mère, toujours locataire de l'appartement au-dessus du Lido, à qui il dit ne pas vouloir y aller. Et même à son ex-petite amie et toujours confidente, il dit : «S'il m'arrive quelque chose, y a des affaires à moi dans un appartement à Ajaccio, loué à un autre nom[2]». Puis, de nouveau, il explique les termes du dilemme à son demi-frère : «Il m'a dit, c'est eux ou c'est moi, qu'est-ce que tu

1. Interception des communications émises ou reçues, le 19 août 2013, par le demi-frère de Jean-Dominique Cortopossi, et retranscrites dans la séquence 2434 d'un procès-verbal du 20 août 2013.

2. Interception des communications émises ou reçues par Jean-Dominique Cortopossi.

veux que je fasse ? Après, une fois que t'es dedans, c'est compliqué d'en sortir ! Si tu t'en vas de ton équipe, tu passes pour un lâche ! Si bien qu'après… c'est eux ou nous[1] ! »

Finalement, Cortopossi décide d'y aller en tenue commando avec ses deux amis, Jean-Dominique Bonavita et Nicolas Boschetti. Doubles vêtements pour chacun, doubles gants, gilets pare-balles, cagoules, une Fiat Fiorino volée à Ajaccio, faussement plaquée, des armes de poing et de chasse, des munitions, de quoi mener une vraie opération meurtrière. Pourtant, Boschetti porte aussi sur lui une sacoche, type « banane », contenant sa carte d'identité, deux téléphones portables et 8 600 euros en espèces. Ce qui ne laisse pas d'étonner pour des criminels aguerris souhaitant rester invisibles, notamment aux yeux de la justice, en cas de pépin.

Ils n'y vont pas seuls. Ils sont rejoints par un voyou d'une autre génération et au profil complexe, Jean-François Servetto, bientôt la cinquantaine. Il a été proche de Christian Leoni, dont il reprendra le restaurant Le Lido après sa mort. Il est également connu pour ses liens avec le mouvement nationaliste du « Rinnovu », des frères Benedetti, et il était surtout l'ami de François Masini, ex-beau-père de Cortopossi, abattu le 31 mai 2013 au volant de sa voiture près de Moriani et soupçonné par la justice d'avoir succédé à Leoni dans la région, notamment dans le rôle de mentor auprès du groupe Cortopossi.

1. Interception des communications du demi-frère de Jean-Dominique Cortopossi.

Servetto affirme, lui, que «Corto» est passé le voir alors qu'il dînait chez un ami pour lui demander de le rejoindre ce soir-là. «Je lui ai demandé si c'était vraiment nécessaire que je vienne avec lui, il m'a dit que oui, c'était en rapport avec la mort de Masini [...], un certain nombre de personnes voulaient me voir pour discuter, j'ai réfléchi et j'ai décidé d'y aller[1].» Servetto, dit «Popeye», sans doute instruit par l'expérience et la prudence, choisit de s'y rendre par ses propres moyens. «Je me suis fait déposer cinq cents mètres avant le point de rendez-vous en direction d'Ortiporio et nous avons discuté.»

Dans l'attente d'une autre voiture, ils sont sortis de leur Fiat Fiorino, un véhicule utilitaire dont les portes sont encore ouvertes. Le petit terre-plein où ils se trouvent, qui marque le sommet d'un virage quasiment en épingle qui file vers le col de Silvareccio, leur offre une vue à trois cent soixante degrés et rien du trafic, quasi inexistant à cette heure de la nuit, ne peut leur échapper. Il est près d'une heure du matin quand des phares signalent l'arrivée de leurs interlocuteurs, eux aussi à bord d'un utilitaire avec des portières coulissantes, de type Kangoo.

Pourtant sur leurs gardes, Cortopossi et ses acolytes ont dû être surpris. Quatre hommes surgissent de l'habitacle de l'utilitaire et tirent avant même d'avoir posé le pied à terre. C'est la panique. La balistique dira qu'il y avait au moins trois armes automatiques, genre kalachnikov. La puissance de feu est telle que les membres du comité d'accueil se

1. Procès-verbal d'interrogatoire de Jean-François Servetto par la juge d'instruction Cathy Escola, tribunal de grande instance de Bastia, 15 janvier 2014.

replient comme ils peuvent au bord du ravin, cherchant à se mettre à couvert. Cortopossi et Boschetti arrivent à riposter, avec une arme de poing, du 9 mm parabellum, et un fusil de chasse avec du calibre 12. Mais, là aussi, le combat est inégal et ils se font littéralement arroser. Cortopossi préfère se laisser glisser au fond du ravin. Boschetti, gravement blessé, reste sur place.

Les assaillants s'approchent du bord, hésitant à les poursuivre, sans doute parce que l'un d'eux a été touché dans la fusillade par un tir de riposte, mais aussi parce que la végétation et le maquis les empêchent de distinguer leurs cibles en contrebas. Ils optent de nouveau pour un feu nourri, attesté par les nombreuses branches cassées et les douilles retrouvées à cet endroit précis. Le silence a dû retomber d'un coup même si l'adrénaline devait encore couler à flots. Les habitants des hameaux voisins ont-ils entendu, en ce tout début juillet, l'écho des coups de feu allant de colline en colline ? Si c'est le cas, ils se sont bien gardés de mettre le nez dehors.

On ne sait pas si les agresseurs ont achevé Boschetti avant de l'installer dans la Fiat Fiorino, mais ils ont placé son corps dans le véhicule avant de le pousser dans le fond du ravin. Au cours de la chute, Boschetti est expulsé de l'habitacle et finit accroché à un arbre. Puis, les quatre assaillants reprennent la route. Servetto, lui, n'a pas pu riposter. «J'ai été projeté dans le maquis quand j'ai été touché par les impacts de balles, après j'ai gardé le silence, puis j'ai voulu remonter, difficilement, en rampant j'ai réussi. Jean-Dominique Bonavita est remonté environ une heure après ; quant à Cortopossi, il est remonté par ses propres moyens, il a dû s'accrocher aux branches, je ne pouvais pas l'aider, j'étais blessé[1]. »

Les trois rescapés, grièvement blessés, sont allongés sur la chaussée, côte à côte au milieu de la route. « On a vu passer une voiture, une 208, elle nous a contournés, puis est partie sans nous aider, se souvient Servetto. J'avais mal partout, je ne savais pas si j'allais m'en sortir. Après Jean-Do Bonavita a dit "je vais essayer de trouver des secours, je vais au village", il était 2 heures et demie du matin [...]. Vers 5 h 15 du matin, Jean-Dominique Cortopossi ne répondait plus. » Les pompiers arriveront une heure plus tard. Malgré une lésion au cœur causée par un tir, Bonavita a marché 4,2 kilomètres pour appeler à l'aide. Il a été pris en stop par un automobiliste et mourra à l'hôpital des suites de cet effort physique.

Seul Servetto s'en sort vivant, mais il gardera des séquelles à vie. Un temps jugé en fuite, Nicolas Boschetti est retrouvé par hasard le soir du 6 juillet par le propre demi-frère de Cortopossi, venu avec un ami sur les lieux du drame, juste après l'enterrement, pour effectuer ses propres recherches. Ils finissent par trouver le corps sans vie de la troisième victime de la fusillade de Silvareccio[2].

De nouveau interrogé sur les confidences qu'avait pu lui faire Jean-Dominique Cortopossi, ce jeune homme, inséré socialement, qui n'appartient pas au monde des voyous,

1. Procès-verbal de l'audition de garde à vue de Jean-François Servetto, locaux de la section de recherche d'Ajaccio, détachement de Borgo (Haute-Corse), 10 juillet 2013.

2. Procès-verbal de la déposition du demi-frère de Jean-Dominique Cortopossi, 7 juillet 2013.

livre les dernières confidences de son demi-frère : « Il m'avait fait comprendre qu'après la mort de Christian Leoni il n'avait plus le choix [...]. C'est le fait que mon frère fasse la connaissance de Leoni qui a été le déclencheur du changement de comportement, de vie sociale et même professionnelle de mon frère [...], je lui ai proposé plusieurs fois de venir vivre à Paris, il n'a jamais donné suite[1]. »

Début juillet 2013, le groupe Cortopossi est décimé. Son cousin Carlu-Andria Sisti est toujours en prison au moment des faits, mais que serait-il advenu s'il avait été libre de ses mouvements ? Le seul autre membre du noyau dur encore vivant a appris la nouvelle du massacre de Silvareccio caché dans un bungalow en Nouvelle-Calédonie. Nicolas Sforzini, celui-là même qui avait hébergé la réunion destinée à prendre le contrôle du trafic de drogue dans la région, a quitté précipitamment la Corse le 14 mars 2013, en achetant ses billets d'avion le jour même. Quatre jours plus tard, il décollait de Paris pour Nouméa en transitant par Helsinki, sans doute pour tromper sur sa destination finale[2]. Le propriétaire de son bungalow a confié plus tard à la police qu'il ne voulait pas rentrer en Corse de peur de se faire tuer et qu'il l'avait trouvé « particulièrement ému lorsqu'il avait appris la mort des jeunes le 3 juillet 2013 ».

Ces jeunes voyous pensaient pouvoir faire irruption dans un système qu'ils croyaient, à tort, désorganisé. Ils n'en maîtrisaient pas tous les contours et sont morts, faute, notamment, d'avoir eu toutes les clés d'une mafia dont les

1. *Ibid.*
2. Section de recherche de gendarmerie de Nouméa, Procès-verbal de synthèse, 25 septembre 2013.

piliers savent rester dans l'ombre. Ce sont ces derniers qui ont décidé de les tuer, considérant que ces ambitieux devenaient dangereux pour leurs affaires. Les mafieux corses ont toujours agi ainsi. Ils éliminent toute forme de menace pour leurs intérêts, même si elle vient de leurs plus proches amis. Car ne plus contrôler le milieu purement criminel, c'est perdre la main sur le seul et unique but de leur existence, l'argent.

Chapitre 5

Jean Leccia, cadavre exquis

Ce dimanche 23 mars 2014, une fine couche de neige recouvre déjà les hauteurs qui dominent la Plaine orientale. Perché sur un flanc de montagne, à 500 mètres d'altitude, entre deux rivières, le petit village de San-Gavino-di-Fiumorbo blanchit peu à peu. En cette journée de premier tour des élections municipales, il ne faudrait pourtant pas que la météo vienne troubler une consultation déjà tendue. Le ton n'a cessé de monter depuis le début de la campagne entre Dominique Colombani, tête de la liste d'opposition, et le maire sortant, Philippe Vittori, qui se représente.

Lors d'une réunion publique, en octobre 2013, la moitié des 150 habitants de la commune avait entendu les accusations de Colombani sur la «gestion calamiteuse[1]» de la mairie, des anathèmes suivis d'articles dans la presse locale. En décembre 2013, l'opposant saisissait même la justice,

1. Claudine Combes, cheffe de l'antenne PJ de Bastia, Procès-verbal de renseignement, 3 avril 2014.

documents à l'appui, de « graves irrégularités[1] ». En retour, le maire se défendait en dénonçant un « règlement de comptes politique orchestré par le conseil général ». La meilleure preuve selon lui résidait dans le fait que Dominique Colombani était le cousin de Jean Leccia, directeur général des services du département et directeur de cabinet du président du conseil général, dont l'une des filles était même sur la liste[2].

Jusqu'au dernier moment, Dominique Colombani a tenté de convaincre des habitants de changer d'avis et de voter pour lui. Deux jours avant le vote, il mène encore de discrètes visites dans le village. Alors qu'il se rend à pied chez une électrice, un proche du maire arrive par-derrière et lui assène deux coups de parasol sur la tête ; dans le même temps, un deuxième homme, lui aussi de l'entourage du maire, le ceinture, les deux lui reprochant de démarcher des soutiens de la liste sortante. L'intervention de Jean Leccia, présent non loin, met fin à la rixe et chacun repart de son côté. L'incident, qui n'a donné lieu à aucune plainte, s'inscrit au long registre des algarades de village, rappelant que la hauteur des enjeux n'est pas nécessairement proportionnelle au nombre d'habitants.

C'est une chance pour Colombani que Jean Leccia soit passé par là. Il vient tout juste d'arriver au village, ce vendredi 21 mars, en provenance de Bastia. San-Gavino, c'est un peu son fief. Ses parents y vivent toujours, un de ses oncles aussi. La mère de son ex-femme y possède sa propre

1. Dominique Colombani, audition en qualité de témoin.
2. Philippe Vittori, audition en qualité de témoin.

maison. Puis ses filles sont là, Delphine et Anaïs, laquelle est sur la liste mais n'arrivera en ville que le lendemain. La famille pèse dans la liste de Dominique Colombani, un ancien policier. En tant que chef de l'administration départementale, Jean Leccia est un homme central qui dispose d'un certain pouvoir sur le financement des communes. Et ces derniers mois, il a payé de sa personne en venant souvent à San-Gavino pour préparer les élections. Son but : sortir Philippe Vittori, à qui il reproche de n'avoir rien fait pendant ses douze ans de mandat. L'eau, aime-t-il à répéter, n'est toujours pas potable au village.

Le dimanche, vers 7 heures, les Leccia, père et filles, montent à l'unique bureau de vote de la commune, au groupe scolaire. Ils y passent la journée. L'ambiance est moins haineuse que les jours précédents. Jean Leccia ne s'absente qu'à deux reprises, notamment pour déjeuner, avant de revenir surveiller le déroulement du scrutin aux côtés de Dominique Colombani, désigné assesseur. Le mélange de pluie et de neige qui tombe sur la région ce jour-là apaise peut-être les esprits. Les deux camps restent jusqu'à la fin du dépouillement lorsque le maire proclame les résultats et sa victoire, 148 voix contre 128. Les procès-verbaux sont signés sans difficulté, marquant une fin d'affrontement politique local en douceur.

Jean Leccia demande à ses filles de rester dignes malgré la déception et de rester encore un peu au village. Chez les Leccia, on n'abandonne pas les amis. D'ailleurs, il indique à ses proches qu'il se rend chez Dominique Colombani pour analyser l'élection avant de rentrer à Bastia. Au même instant, des coups de feu résonnent aux abords du bar du village où les fidèles du maire célèbrent le résultat des urnes. Il est 21 h 30. Un quart d'heure plus tard, trois gendarmes se présentent au bar, c'est une visite de routine, histoire de voir si tout se passe bien, ils ont eu connaissance des tensions lors de la campagne, mais ils ne s'attardent pas. Les électeurs âgés rentrent aussi peu à peu chez eux.

Un fonctionnaire territorial assassiné

Vers 22 h 30, Jean Leccia monte dans sa voiture de fonction, une Citroën DS 4 blanche. Il roule dans la nuit, seul, en direction de Bastia pour regagner son domicile. Vers 23 h 15, sur la nationale 198, au niveau de la commune de Tallone, entre Aléria et la marine de Bravone, une voiture amorce un dépassement, il a sans doute pensé qu'elle voulait juste le doubler, le trafic étant rare le soir, hors saison, sur les routes corses. Mais lorsque le véhicule parvient à sa hauteur, un feu nourri d'arme automatique balaie tout le flanc gauche de sa voiture. Les balles explosent les deux vitres du véhicule et percent les portières de multiples impacts. Leccia poursuit pourtant sa route sur 150 mètres, comme l'attestent les débris de verre et les étuis de munitions et finit sa course contre un talus sur la droite de la chaussée[1].

Touché à dix reprises au torse et aux jambes, Jean Leccia est mortellement atteint. Il est toujours assis, les bras le long

1. Description réalisée sur la base des éléments de procédure, dont la synthèse de l'enquête préliminaire.

du corps, sans vie, sa tête reposant sur le rebord de la vitre brisée. Les premiers automobilistes qui découvrent la scène pensent à un accident. Ils appellent les pompiers, mais il est déjà trop tard. Quelques minutes plus tard, l'une de ses filles, Delphine, également en route pour Bastia avec sa mère, arrive sur les lieux du drame, et les secours ne sont pas encore sur place. Elle reconnaît sur le bas-côté la DS 4 blanche de son père, s'inquiète d'un éventuel malaise au volant. On l'informe vite qu'il « s'est fait tirer dessus » et on l'empêche d'approcher[1].

La violence mafieuse vient une nouvelle fois de frapper la Corse. Sur cette île, la loi des armes est plus forte que celle des hommes. Jean Leccia n'avait rien d'un voyou. Mais sur ce territoire, voilà longtemps que la pègre s'en prend aussi aux élus, aux fonctionnaires et à toute personne de la société civile qui représente un obstacle à ses intérêts. Alors qu'il vient de perdre la vie, on décide de taire pour le moment la nouvelle à sa compagne, enceinte de trois mois. Ils devaient se marier le mois suivant. Très vite, l'information se propage néanmoins sur toute l'île en dépit de l'heure tardive – aussi rapidement qu'une première explication, à ce jour jamais démentie : « Facile à atteindre, il a payé pour d'autres. »

C'est la fin brutale d'un parcours méritant. Passionné de courses en montagne, il avait sans doute cette endurance nécessaire pour gravir d'autres marches, celles de la hiérarchie administrative. Il débute comme régisseur du restaurant administratif du conseil général de Haute-Corse,

1. Delphine Leccia, audition en qualité de témoin.

avec l'aide de son beau-père, un colonel à la retraite travaillant déjà au sein de la collectivité. Ensuite, il multiplie les concours internes pour devenir chef de service des transports scolaires, puis passe celui de la direction des interventions départementales (DID), chargée des espaces naturels.

En 2010, c'est la consécration. Après la victoire de Paul Giacobbi à la collectivité territoriale de Corse, il est nommé directeur général des services, le chef de l'administration du département, fonction à laquelle on adjoint celle de directeur de cabinet du président du conseil général, Joseph Castelli – une décision inédite qui fait de lui un personnage central. La gouvernance de la Haute-Corse est, en effet, concentrée entre les mains de trois hommes : le président Castelli, son conseiller spécial, Stéphane Domarchi, l'un des deux fils de l'ancien bras droit de Giacobbi, tué en 2011, et lui-même.

L'assassinat de Dominique Domarchi, également un soir d'élection, en 2011, avait fortement affecté Jean Leccia, selon ses proches. Il avait laissé entendre qu'il pourrait à l'occasion devoir porter un gilet pare-balles, sans pour autant manifester ouvertement d'inquiétude. Trois ans plus tard, en février 2014, cet homme qualifié de « doux et d'apprécié, amical sans être familier », se confiait peu sur l'existence de « menaces[1] ». Mais lors d'un entraînement sportif dans les rues de Bastia avec un ami, il laissait tout de même percevoir un doute. « Jean Leccia m'a demandé qui étaient les deux personnes qui couraient avec nous et qu'il

1. Jean-Marie Agius, audition, 15 juillet 2014.

ne connaissait pas. Mes propos l'ont rassuré car je le sentais mal à l'aise [...]. Il m'a fait part de la difficulté des postes à responsabilité, en ajoutant qu'il n'était pas tranquille, et regardait dans son rétroviseur lorsqu'une moto arrivait à sa hauteur. Puis, il s'est refermé[1]. »

Piste locale

L'ambiance délétère de la campagne des municipales à San-Gavino est déjà connue des enquêteurs lorsqu'ils entament leurs investigations. Les jours qui suivent le drame apportent d'autres éléments. Ils apprennent que Jean Leccia avait menacé le maire sortant, avant le scrutin, de « sa volonté de fermer les robinets des subventions du conseil général à San-Gavino-di-Fiumorbo[2] ». De quoi alimenter une piste locale, d'autant plus que le maire serait, selon la police judiciaire, entouré « d'une équipe de voyous de Ghisonaccia bénéficiant, indirectement, de cette manne financière du département[3] ». Trois membres de cette équipe étaient, par ailleurs, au bar du village dans la soirée du dimanche fatal[4].

Les histoires de San-Gavino font écho à la guerre qui a fait rage dans la Plaine orientale, de 2008 à 2012, entre les communes toutes proches de Ghisonaccia et Prunelli-di-Fiumorbo, sur fond de décision du clan Domarchi-Giacobbi

1. *Ibid.*
2. Claudine Combes, *op. cit.*
3. *Ibid.*
4. *Ibid.*

de changer, en 2010, les alliances politiques locales. Pourtant présenté comme giacobbiste, l'élu de San-Gavino résistait aux ordres de sa majorité. Et dans son ombre, selon la police, s'agitait, de plus, une «équipe de Maghrébins», les frères Haouari, dirigée par Olivier Sisti, dit «le Noir», proche du maire de Ghisonaccia, associé à un ancien braqueur devenu bras droit de dirigeants du groupe de BTP Vendasi, Albert Pieri, tué en 2012[1]. Son frère, Toussaint Pieri[2], figure nationaliste de la région, ex-président de la Federazione corsa di l'agricultura (FCA) et l'un des chefs présumés du groupe clandestin du «FLNC du 22 octobre», s'est même impliqué dans les querelles de San-Gavino.

Un artisan taxi et exploitant agricole de cette commune, membre de la liste Colombani, raconte ainsi qu'un matin d'octobre 2013, en arrivant près de l'un de ses champs, Toussaint Pieri est descendu d'une voiture conduite par Rachid Haouari et l'a interpellé : «J'ai entendu dire que vous vouliez tuer Rachid. Mais Rachid, vous le tuez pas, c'est mon ami[3].» L'intéressé répond : «On veut tuer personne, on veut juste faire notre campagne.» Fin 2013, le chauffeur de taxi croise, de nouveau, Rachid Haouari, à l'entrée de Ghisonaccia, qui lui demande «d'arrêter de s'en prendre à sa société de travaux publics et de terrassement[4]».

Les investigations montrent, en effet, que la société BTP La Plaine, appartenant à Tefike Haouari, le frère de

1. *Ibid.*

2. Toussaint Pieri, dit «Santu», né le 7 mars 1942, à Corte, mort de maladie le 28 octobre 2015.

3. Ferdinand Muracciole, audition en qualité de témoin, 25 septembre 2015.

4. *Ibid.*

Rachid, a travaillé presque exclusivement pour San-Gavino. Entre 2005 et 2013, 365 743 euros ont été versés à cette entreprise au titre des marchés dévolus par le maire Philippe Vittori. Plus de la moitié des fonds a été retirée en espèces peu avant les virements. Une manne qui a cessé brutalement après l'arrêt des subventions du conseil général de Haute-Corse, et conduit à la fermeture de la société BTP La Plaine.

Faute d'avoir soutenu Pierre Siméon de Buochberg, le maire de Prunelli-di-Fiumorbo, lors de l'élection cantonale de mars 2011, le candidat désigné par le clan Giacobbi, Philippe Vittori, a en effet vu ses subventions divisées par deux car, dit-il, il avait pris parti pour François Tiberi, le maire de la commune de Ventiseri, conseiller général du canton sortant. « Cette année-là, ma commune a été dotée de 60 000 euros environ de subventions, en 2012 également [...], en 2013, je n'ai même pas demandé de subventions car je savais bien que je n'en aurais pas. J'ai voté de nouveau contre Pierre Siméon à la présidence de la communauté des communes, ce qui l'a fait perdre ; or, l'ensemble du cabinet du conseil général aurait souhaité que Pierre gagne[1]. »

En janvier 2013, le jour même de l'élection à la présidence de la communauté de communes, une fonction stratégique dont dépendent de nombreux marchés très lucratifs, Vittori dit avoir reçu un appel de Jean Leccia pour qu'il vote en faveur de Siméon de Buochberg : « Il m'a dit qu'il ne fallait pas faire un affront à Pierre. J'ai quand même voté contre et il a perdu la présidence[2]. » Cependant, pour le

1. Philippe Vittori, extraits de la huitième déposition, 7 novembre 2014.
2. *Ibid.*

maire de San-Gavino, Jean Leccia n'était qu'un rouage administratif. «Le blocage des subventions a été décidé par le cabinet du conseil général, ce n'était pas dans ses attributions, même si, dans mon intime conviction, je pense qu'il était d'accord.»

La piste des enrobés

La piste locale, enrichie de liens avérés avec des voyous et d'une lutte intestine pour le contrôle de la communauté de communes, acteur clé pour les marchés, va s'enliser[1]. Co-saisis, les services de police et de gendarmerie ont tardé à la creuser et finalement opté pour des hypothèses d'enquête radicalement opposées. La justice n'a jamais su trancher, contribuant à enterrer une affaire pourtant symptomatique de la dérive d'un territoire. Et, pour ne rien arranger, dans les dossiers criminels insulaires, il y a rarement une seule explication derrière la décision de tuer. La mafia sait, comme personne, brouiller les pistes et profiter de conflits connus de tous pour dissimuler des raisons plus obscures de régler ses comptes en faisant peser le soupçon sur d'autres.

Pour comprendre la mort de Jean Leccia, il ne faut sans doute pas se cantonner au seul contentieux électoral de San-Gavino. N'y a-t-il pas d'autres intérêts contrariés pour lesquels des voyous auraient estimé qu'il faisait une cible

1. Entendus par les enquêteurs, les frères Haouari et Olivier Sisti ne faisaient l'objet d'aucune poursuite judiciaire dans ce dossier au moment de la publication de cet ouvrage. Ils doivent donc être considérés comme présumés innocents des soupçons portés à leur encontre au début des investigations.

idéale? La piste locale ne peut-elle pas se mêler à d'autres enjeux financiers, plus lourds encore? C'est toute la difficulté de lutter contre un système mafieux qui a gangrené une société : son emprise ne s'exprime pas simplement à travers un acte criminel ou un délit, elle se manifeste de manière diffuse et offre des moyens d'échapper autant à la justice qu'à la compréhension.

Suivre l'argent. Ce mot d'ordre, connu des enquêteurs du monde entier, invite à regarder de plus près les autres fonctions de Jean Leccia. Car son action n'a fait débat que lors de la campagne municipale de San-Gavino. Son nom est également cité à cette même période dans un dossier qui a touché aux équilibres économiques de la Haute-Corse. Comme pour l'arrêt des subventions en faveur de la commune de Philippe Vittori, il n'est pas le donneur d'ordre politique, mais il a joué le rôle de messager et de signataire d'une décision dont les conséquences lui ont été fatales.

Six jours avant sa mort, le 17 mars 2014, par délégation du président du conseil général Joseph Castelli, Jean Leccia a en effet signé, en sa qualité de directeur général de services, un courrier lourd de conséquences. Il indique à la Société routière de Haute-Corse (SRHC) et à Corse Travaux «la non-reconduction annuelle du marché de fourniture, fabrication, transport et mise en œuvre d'enrobés sur le réseau départemental» alloué, en 2012, pour quatre ans[1].

1. «Hypothèses de travail – Les marchés publics et les marchés quadriennaux à bons de commande de "fourniture, fabrication, transport et mise en œuvre d'enrobés denses à chaud" sur le réseau départemental de la Haute-Corse», procès-verbal, 18 avril 2014.

Cette formule administrative anodine a sonné comme un coup de tonnerre dans l'économie insulaire et dans le monde du BTP corse. Car voilà plus de vingt ans que ces deux sociétés trustent le marché des enrobés, l'un des secteurs les plus juteux, avec celui des déchets.

La Société routière de Haute-Corse, créée le 4 avril 1979, est alors une filiale du groupe Colas. Présidée depuis octobre 2010 par Thierry Méline, patron de Colas pour le sud de la France, la SRHC semble, de plus, connaître, en 2013-2014, de sérieux problèmes de trésorerie à cause d'impayés à hauteur de 3,4 millions d'euros de la CTC et des communes de Bastia et de Calvi, parmi les plus endettées de Corse[1]. Corse Travaux appartient au groupe fondé par Paul Natali, l'ancien patron de la chambre de commerce et d'industrie de Haute-Corse, ex-président du conseil général de Haute-Corse (1992-1998), et son épouse Anne-Marie, maire de Borgo. L'entreprise est alors dirigée par leur fils, Pierre Natali.

Pour les enrobés, comme les appellent les professionnels du secteur, la SRHC avait la main sur la Balagne et le secteur de Bastia et du cap Corse. Corse Travaux se chargeait de la Plaine orientale et du centre corse. Un vrai fromage que les deux sociétés contrôlaient d'autant mieux qu'elles étaient les seules à disposer de centrales à bitume installées sur l'île, un atout indispensable pour prétendre à l'obtention de ces contrats. Et si l'arrêt brutal de ces marchés, prévus jusqu'en 2016, est le fruit d'une procédure

1. *Ibid.*

conforme à la réglementation, elle était, à ce jour, totalement inédite[1].

Sauver le soldat Brandizi

Si la «non-reconduction», signée le 17 mars 2014 par Jean Leccia, fait autant sensation, c'est aussi parce qu'elle est l'épilogue d'une série de décisions ayant permis à un nouvel acteur économique, la société Betag, dirigée par Patrick Brandizi, de venir perturber en Haute-Corse un partage des affaires locales[2]. L'irruption véritable de cet intrus date de la fin 2013 quand, à la surprise générale, il manifeste son intention de s'implanter sur le marché du bitume. Sa société Betag sollicite dans un premier temps un agrément pour une centrale temporaire d'enrobage à chaud dans la commune de Lucciana.

Pour l'heure, il s'agit de répondre aux besoins très ponctuels de travaux de voirie pour une nouvelle centrale thermique d'EDF. Or, l'obtention d'une telle autorisation est soumise aux besoins d'un marché d'une durée maximale d'un an, condition manifestement non remplie en l'espèce, le groupe Brandizi ayant par ailleurs confié, en sous-traitance, la réalisation des travaux d'enrobés sur ce site à la société SRHC. Betag ne semble donc pas, en théorie, avoir les moyens techniques et les autorisations nécessaires pour répondre à ces marchés.

1. *Ibid.*
2. *Ibid.*

Mais le groupe Brandizi voit, début 2014, tous les obstacles se lever un à un. En janvier, la collectivité territoriale relance la procédure d'appel d'offres des marchés d'entretien du réseau routier territorial. Contrairement aux usages, ce document mentionne, pour la première fois, que les sociétés ayant une demande d'autorisation d'exploitation d'une centrale à bitume «accordée ou en cours d'instruction» sont autorisées à concourir. Une nouvelle formulation qui permet à la société Betag de faire acte de candidature pour les marchés d'enrobés en Haute-Corse.

Le 14 mars 2014, l'autorité environnementale donne, à son tour, son autorisation à la société Betag d'exploiter une centrale à bitume, mais pour une durée de six mois, considérant que la qualité des études d'impact et de dangers est satisfaisante. Soumise à l'avis public à partir du 17 mars 2014, cette autorisation est contestée auprès du préfet de Haute-Corse par le directeur de la SRHC, Éric Antomarchi. Une démarche soutenue par ses employés qui manifestent le 20 mars devant la préfecture avant d'être reçus par le préfet.

À l'issue de cette rencontre avec le représentant de l'État en Haute-Corse, la délégation de SRHC rencontre, cette fois-ci, Jean Leccia au conseil général. «Il m'a demandé s'il devait recevoir les syndicats, relate Joseph Castelli, président du département, quelques semaines après la mort de son directeur général des services. Il les a reçus sans aucune directive de ma part, mais avec mon autorisation. J'ai appris par voie de presse les difficultés liées à ce dossier[1].» Le même, prudent, ajoute : «Dès ma prise de fonction, en

1. Joseph Castelli, audition en qualité de témoin, 5 juin 2014.

2010, j'ai décidé de ne pas signer la non-attribution des marchés publics ni l'attribution de ceux-ci. J'ai dévolu ce rôle à M. Leccia qui avait délégation de ma signature [...]. S'il avait été menacé, il m'en aurait parlé, mais il évitait de me contrarier, je suis quelqu'un de sensible et il me ménageait. »

Le placement sur écoute de Joseph Castelli montre, en effet, une certaine fragilité psychologique, notamment après l'assassinat de Jean Leccia. Le 14 juin 2014, vers 10 heures du matin, il se réfugie dans une boulangerie après avoir aperçu une Renault Mégane conduite par un homme au crâne rasé. Il appelle un ami qui prévient les gendarmes. Par ailleurs, les enquêteurs prennent conscience de la solidité des liens entre la famille Castelli et Patrick Brandizi, en particulier par l'intermédiaire de Yannick Castelli, maire de Penta-di-Casinca après son père. Joseph Castelli est également en rapport régulier avec un ouvrier travaillant pour Brandizi qui lui a demandé de venir « un jour par semaine œuvrer pour le compte de Castelli sur un bungalow[1] ».

Moins de douze heures après la mort de Jean Leccia, le 24 mars 2014 à midi, une réunion est organisée en urgence, au département, sur la question des enrobés[2]. Tous les directeurs y participent. Le président du département, Joseph Castelli, s'est défaussé malgré le drame survenu dans la nuit ; il est représenté par son conseiller spécial, Stéphane Domarchi. L'ordre du jour est clair : il s'agit de confirmer la

1. Relevé d'écoute, 19 juin 2014, 11 h 07.
2. « Hypothèses de travail... », *op. cit.*

poursuite de la démarche entreprise pour le marché des enrobés en repoussant toutefois la date de notification des décisions de non-reconduction. En dépit de manifestations devant la préfecture et du blocage, le 31 mars, par les employés de la SRHC du dépôt pétrolier de la Marana, l'avis de non-reconduction est notifié début mai aux entreprises déboutées.

Le double discours du soldat Brandizi

Dans un univers insulaire clos où la survie des entreprises dépend de la commande publique, la frontière entre la volonté d'ouvrir la concurrence pour abaisser des prix prohibitifs et celle de favoriser une entreprise peut demeurer difficile à distinguer. La justice tente, tant bien que mal, d'y voir clair : « Il semble bien, dit-elle, que les activités de Patrick Brandizi dans plusieurs domaines aient été favorisées. Cette véritable stratégie peut être liée à des hommes d'influence [...] du conseil général de Haute-Corse[1]. »

Patrick Brandizi, lui, est un personnage surprenant. Né à Marseille en 1970, cet homme aux cheveux bruns frisés a succédé à son père à la tête de la petite entreprise familiale avant d'en faire un groupe de BTP important. Souriant, presque badin dans ses relations sociales, il n'affecte pas la mine compassée et méfiante de nombre d'entrepreneurs insulaires. C'est un urbain, sans doute plus à l'aise dans les grandes capitales que dans un milieu rural. On ne connaît

1. *Ibid.*

guère les raisons de son départ un peu précipité sur le continent pendant quelques années, mais depuis son retour sur l'île, son expansion a été constante.

Il ne fuit pas la discussion et livre volontiers sa version. Pour lui, « les marchés publics des enrobés en Haute-Corse étaient depuis trente ans l'objet d'un monopole des filiales respectives des groupes Bouygues (Société routière de Haute-Corse) et Vinci (Société corse de travaux), qui pratiquaient des prix anormalement élevés par rapport à ceux de Corse-du-Sud et du continent. Les politiques s'en sont émus depuis longtemps dans la presse et leur exaspération me semble légitime, s'agissant de l'utilisation des deniers du contribuable[1]. » Il ajoute : « Il n'y a rien de répréhensible dans le jeu de la libre concurrence et je ne comprends pas par quel raisonnement, autre que la seule proximité des dates, on pourrait voir un lien entre ce dossier et la mort tragique de Jean Leccia. »

Pourtant, les écoutes policières sur sa ligne téléphonique laissent entendre une autre interprétation des faits tendant, dit la justice, à crédibiliser, au contraire, « la piste des marchés à enrobés du conseil général de Haute-Corse et de la collectivité territoriale de Corse comme motif possible de l'assassinat de Jean Leccia[2] ». Ainsi, le 4 juin 2014, Patrick Brandizi organise pour le lendemain, au siège de son entreprise, au sud de Bastia, un rendez-vous discret avec Thierry Méline, le patron de Colas Midi Méditerranée, qui contrôle la Société routière de Haute-Corse (SRHC). Il veut, dit-il,

1. Lettre à l'auteur, 22 juillet 2015.
2. « Hypothèses de travail... », *op. cit.*

jouer cartes sur table et parler des vraies raisons, selon lui, de l'élimination de Leccia.

«Patrick Brandizi, écrivent les policiers, précise qu'il va expliquer à Thierry Méline qu'il a intérêt à se calmer sinon il appuie sur le bouton en dénonçant les menaces dont il fait l'objet et en indiquant qu'il a tous les éléments en main expliquant le lien entre le meurtre de Jean Leccia et la remise en cause des marchés d'enrobés, celui-ci ayant signé les documents une semaine avant son assassinat[1].» Au doute émis par l'un de ses collaborateurs au téléphone, sur «la capacité de Colas d'organiser un tel meurtre», Patrick Brandizi répond que «le problème vient des personnes qui tournent autour et en particulier du groupe Natali[2]».

Les surveillances confirment la rencontre, le 5 juin 2014 en début d'après-midi, entre Thierry Méline et Patrick Brandizi au siège de l'entreprise de ce dernier. Juste avant, Méline a déjeuné au restaurant de plage Kanteen avec sept autres personnes dont Éric Antomarchi, son directeur pour la Haute-Corse, et Pierre Natali, le patron de Corse Travaux et du groupe Natali. Au cours de cette réunion conviviale, les principaux entrepreneurs de BTP en Haute-Corse ont évoqué, d'après les enquêteurs, la mort de Jean Leccia et ses conséquences sur les marchés routiers. Mais si les soupçons d'entente ne s'éloignent pas, il reste encore à trouver des éléments formels permettant d'établir un lien direct avec la mort violente d'un haut fonctionnaire territorial qui n'avait

1. Procès-verbal de surveillance et filature de Thierry Méline, 5 juin 2014.
2. Relevé de communication, 4 juin 2014, 19 h 57.

pas de pouvoir de décision et de remise en cause de marchés très rentables.

Interrogé par la justice, Brandizi ne réitérera pas ses promesses de transparence évoquées au téléphone. À ce jour, la piste des enrobés n'a pas été étayée et les acteurs de ces marchés n'ont jamais été mis en cause. Mais le manque de preuves ne signifie pas que la justice soit aveugle. Une nouvelle fois, des moyens techniques permettent de lever le voile sur des relations qui peuvent être, au choix, des liens d'amitié, d'allégeance ou de sujétion, mais qui méritent l'attention dans une société de proximité comme la Corse.

Le placement sous surveillance de Jean-Marc Domarchi, le frère de Stéphane, qui a remplacé son père après sa mort en 2011, dans le rôle de conseiller politique du patron du département, illustre les ambiguïtés d'un tissu relationnel en Corse. « Il ressort des investigations, dit la synthèse des écoutes, que Stéphane Domarchi et son frère Jean-Marc entretiennent des liens étroits avec Patrick Brandizi. Cette proximité n'est pas surprenante eu égard au fait que le siège de son groupe est situé à Folelli, commune de Penta-di-Casinca et qu'il a toujours été proche de l'ancien maire de cette commune, Joseph Castelli, et de son fils, Yannick[1]. »

Plus intéressant pour les policiers, la surveillance de la ligne a permis de constater que Jean-Marc Domarchi avait des relations proches avec le clan de Jean-Luc Germani, poids lourd du grand banditisme corse – ce qu'il conteste –, présenté comme l'héritier de Richard Casanova, son

1. Procès-verbal des relevés de l'interception téléphonique du 20 janvier au 20 mai 2015 de la ligne attribuée à Jean-Marc Domarchi, 18 mai 2015.

beau-frère, membre fondateur du gang de la Brise de mer, tué le 23 avril 2008. Ils observent ainsi Jean-Marc Domarchi en train d'organiser son déménagement, qualifié de «précipité», pour s'installer à Paris avec l'aide «de Dominique L., proche de Jean-Luc Germani, vu en sa compagnie lors d'une interpellation, à Paris, qui a mis fin à sa cavale». L'intéressé aurait assuré une part de la logistique de Germani dans la région parisienne. De quoi nourrir des interrogations sur d'éventuels intérêts communs entre toutes ces personnes, sans pour autant pouvoir tirer de conclusions définitives.

Un pacte de corruption

Quelle que soit l'hypothèse retenue, la mort de Jean Leccia renvoie à la défense d'intérêts au niveau local ou à l'échelle du département, comme si derrière la commande publique ou privée et la lutte pour des postes ayant la main sur une manne financière se jouaient d'autres combats. Comme si cette île tenait désormais pour acquis qu'un pouvoir parallèle, légitimé par sa seule violence, puisse avoir son mot à dire et sa part à prélever. Dix ans après, la justice n'a toujours pas confondu ni le ou les tueurs de Jean Leccia ni les commanditaires. Le nombre d'officiers de police judiciaire est sans équivalent sur le reste du territoire. Peut-être l'État s'est-il perdu en Corse faute d'avoir adapté son organisation à un système criminel profondément ancré dans la société insulaire.

Connaissance et amitié ne riment pas nécessairement avec complicité, et la Corse n'a pas inventé le clientélisme ni la corruption. Mais parfois, ces liens peuvent aider à comprendre comment fonctionne un réseau d'influence. Devenu en septembre 2014 sénateur (PRG) de Haute-Corse, Joseph Castelli a vu ses relations avec Patrick Brandizi dénoncées par la justice qui a poursuivi l'élu pour blanchiment de fraude fiscale, recel d'abus de biens sociaux et corruption passive. Si cette enquête n'a pas de lien direct avec celle ouverte sur l'assassinat de Jean Leccia, elle fait néanmoins partie des sept informations judiciaires déclenchées sur la base d'éléments trouvés en marge des investigations réalisées pour remonter aux causes de sa mort.

Les premiers doutes sont apparus à propos des conditions dans lesquelles Joseph Castelli avait fait construire sa vaste et confortable villa à Penta-di-Casinca (Haute-Corse), une commune dont il a été maire de 1983 à 2010. Des soupçons confirmés par la découverte de sept factures, jugées douteuses, émises par la société PM BTP pour un montant de 162 299 euros. Réglées par trois autres entreprises insulaires, Construction Nebbio, Terraco et Valinco Terrassement, elles sont à la source des investigations qui mènent – événement rare – à la levée de l'immunité parlementaire de l'un de ses membres par le Sénat, le 29 octobre 2015.

L'ancien patron du département de Haute-Corse n'aurait financé sa villa qu'à hauteur de 350000 euros pour une valeur estimée à un million d'euros. Mieux, la maison a été bâtie sur deux parcelles distinctes. Or, si M. Castelli est bien propriétaire de la première, en revanche le terrain voisin, pour lequel rien n'a été payé, est la propriété du groupe Brandizi. De plus, la société Terraco est une entité du groupe de Patrick Brandizi, originaire du même village que M. Castelli qui a lui-même délivré les permis de construire. Enfin, 12000 euros de travaux auraient été réalisés, dans l'appartement bastiais de l'ex-femme de M. Castelli, par PM BTP, toujours financés, en sous-main, par le groupe Brandizi.

Les soupçons de corruption ont émergé car au moment même où elles prenaient en charge des frais de construction de la maison de l'élu, les sociétés Terraco du groupe Brandizi et Construction Nebbio ont été attributaires de marchés par le syndicat intercommunal de la Casinca et la mairie de Penta-di-Casinca pour des montants de 8,5 millions et de 2,1 millions d'euros. Finalement, la justice ne retiendra qu'un marché à hauteur de 1,7 million d'euros. M. Castelli a démenti ces accusations[1]. Il estime avoir versé 700000 euros pour sa maison, notamment par des paiements en espèces, les revenus dissimulés d'un bar, de

1. L'ex-sénateur Joseph Castelli a été condamné, le 30 mars 2021, par le tribunal judiciaire de Bastia à 4 ans de prison dont un avec sursis, 100000 euros d'amende et la confiscation de sa villa, pour l'existence d'un « système de fausses facturations » visant à dissimuler le financement de cette maison. Un mandat de dépôt différé a été ordonné par le tribunal correctionnel de Bastia du fait de l'absence au prononcé du délibéré de M. Castelli, âgé de 72 ans. Le procureur avait appelé le tribunal à condamner M. Castelli pour le « pacte de corruption » existant dans l'attribution du marché public et pour les accusations de faux en écriture, mais avait requis la relaxe pour le blanchiment de fraude fiscale. Incarcéré le 20 avril au centre pénitentiaire de Borgo, il a été libéré le 6 juin 2021 sur décision de la cour d'appel de Bastia ayant approuvé sa demande de mise en liberté. Comme il a fait appel de sa condamnation et que l'audience ne s'est pas encore tenue au moment de la publication de cet ouvrage, M. Castelli doit être considéré comme présumé innocent des faits qui lui sont reprochés.

l'argent de sa mère, la vente de biens immobiliers et un prêt obtenu grâce à des documents dont l'authenticité est contestée par la justice.

M. Brandizi et un autre entrepreneur ont été poursuivis[1]. Inévitablement, les enquêteurs ont tenté de trouver un lien avec l'irruption de la société Brandizi sur les marchés d'enrobés en 2013 et début 2014, alors que M. Castelli présidait encore le conseil général. Était-ce de nouveau une forme de contrepartie ? La justice n'a pas répondu et a préféré scinder en deux les questions, même si des synthèses policières ont estimé « que les activités de Patrick Brandizi dans plusieurs domaines avaient été favorisées par le conseil général de Haute-Corse ».

Avant qu'il n'accède à la présidence du département en 2010, M. Castelli, fidèle de Paul Giacobbi, avait longtemps présidé la commission d'appel d'offres du département de Haute-Corse. À ce titre, son intervention a régulièrement été examinée par la justice insulaire dans des dossiers politico-financiers derrière lesquels planait souvent l'ombre du milieu insulaire, sans qu'aucune enquête n'aboutisse. Interrogé, M. Castelli a défendu son action en faveur de « la concurrence et du meilleur prix » et démenti toute concertation.

1. Patrick Brandizi a été condamné le 30 mars 2021 à 2 ans d'emprisonnement dont 6 mois assortis d'un sursis simple et 250 000 euros d'amende. Comme il a fait appel de sa condamnation et que l'audience ne s'est pas encore tenue au moment de la publication de cet ouvrage, M. Brandizi doit être considéré comme présumé innocent des faits qui lui sont reprochés.

Une dangereuse émancipation

Et si ceux qui étaient aux commandes du pouvoir politique en Haute-Corse, entre 2010 et 2014, avaient été trop loin dans leur volonté de bouleverser des équilibres économiques, certes frappés de soupçons, mais profondément enracinés ? C'est une autre piste qui a surgi au détour d'écoutes téléphoniques réalisées entre avril et septembre 2014 sur la ligne de Joseph Castelli. Né en 1948, cet ancien bistrotier n'a pas les réflexes de voyous usant de subterfuges pour masquer leurs conversations. On découvre donc un personnage très sollicité pour des emplois au conseil général ou pour l'obtention de subventions par différents maires[1].

L'essentiel de ses discussions porte sur les élections sénatoriales du 28 septembre 2014 auxquelles il se présente. Il s'inquiète auprès de ses amis des intentions de vote des grands électeurs. Face à lui se présentent Anne-Marie Natali, la maire de Borgo et mère de Pierre Natali, patron du groupe de BTP du même nom, et Pierre Ghionga, le président de l'office de l'environnement et conseiller territorial. Castelli mène sa campagne aux côtés de Stella Pieri, la maire de Rapaggio, en Castagniccia, et surtout de Stéphane Domarchi, son unique conseiller au conseil général, cheville ouvrière dans la quête aux voix. D'ailleurs, à l'issue de sa victoire, il lui manifeste toute sa reconnaissance[2].

1. Procès-verbal du compte rendu d'exploitation de la ligne attribuée à Joseph Castelli dans le cadre de l'assassinat en bande organisée de Jean Leccia, 2 octobre 2014.

2. *Ibid.*

Pourtant, à y regarder de plus près, sa relation avec Stéphane Domarchi n'est pas si simple. La confiance n'est plus totale depuis l'assassinat de Jean Leccia. De lui-même, Joseph Castelli se méfie, mais il est aussi incité à prendre ses distances par ceux qu'il a toujours servis, Paul Giacobbi et son conseiller Mimi Viola. Ainsi, il cache sciemment à Stéphane Domarchi un rendez-vous secret, le 5 septembre 2014, dans le village de Venaco, au domicile de Paul Giacobbi, toujours député et président de l'exécutif de la collectivité territoriale de Corse.

Il s'y rend seul et demande même, chose inédite, à son escorte policière de ne pas l'accompagner. Il retrouve sans encombre MM. Giacobbi et Viola. Cette rencontre a pour but, selon les conversations préalables, de discuter des élections sénatoriales, mais aussi de la prochaine gouvernance à la tête du conseil général de Haute-Corse qu'il quittera s'il gagne et, enfin, des moyens à trouver pour mettre Stéphane Domarchi sur la touche[1].

Depuis son élection à la tête de la collectivité territoriale de Corse, en 2010, Paul Giacobbi a dû s'installer à Ajaccio. Il a perdu peu à peu le contact direct avec le département qu'il a présidé depuis 1998. Mimi Viola a continué à s'occuper du centre corse et de la Balagne, mais l'assassinat de Dominique Domarchi, en 2011, a déstabilisé son organisation et permis à son fils, Stéphane, « de s'émanciper par rapport au clan Giacobbi », écrivent les policiers. Paul Giacobbi a sans doute cru qu'en imposant Jean Leccia

1. Conversation entre Mimi Viola et Joseph Castelli, 2 septembre 2014, 19 h 38.

comme directeur de cabinet du président du conseil général, les affaires seraient sous contrôle. Mais, on l'a vu, il n'en fut rien.

Quant à Joseph Castelli, sous l'emprise apparente du fils Domarchi, il se félicite au téléphone d'avoir su garder ses distances avec les dossiers sensibles, notamment ceux des marchés publics. Parfois, ses dires laissent croire qu'il surjoue le rôle du craintif. On découvre alors une certaine malice. Il n'y a rien de naïf dans ses propos quand il rappelle à un interlocuteur comment les frères Domarchi «se sont mis au vert» après la mort de Jean Leccia, craignant pour leur propre vie. Après sa victoire aux sénatoriales, il devise, enfin, sur son parcours qu'il perçoit comme «extraordinaire». Il se dit même satisfait d'y être arrivé tout seul «sans l'appui réel de Paul Giacobbi», ce qui lui donne, dit-il, «toute liberté pour la suite», sans fournir de précisions.

Brandizi joue au père la vertu

Pris dans l'entrelacs politico-affairiste de la Haute-Corse et même auditionné par les policiers dans l'enquête sur la mort de Jean Leccia, Patrick Brandizi s'épanche souvent au téléphone avec sa femme, restée sur le continent alors qu'il séjourne en Corse. Son sentiment d'être pris au piège d'un fonctionnement d'attribution truquée des marchés et d'une société faite de liens occultes cohabite avec une ambition intacte et une démarche sans états d'âme, se targuant même de pouvoir continuer à développer son groupe.

Réaliste, croyant parfois faussement duper son interlocuteur, il a sans doute voulu casser trente ans de pratiques douteuses dans les marchés publics en Haute-Corse, mais à quel prix ?

Ses concurrents l'observent de près. Le 1er octobre 2014, Pierre Natali, dirigeant du groupe de BTP du même nom, s'entretient avec l'un de ses collaborateurs dont le cousin a accès aux délibérations de la commission d'appel d'offres[1]. Sur l'un des marchés en concurrence, son entreprise est opposée à Terraco, l'une des sociétés du groupe Brandizi. Il veut connaître le contenu des autres propositions. « C'est Terraco qui revient du fin fond du cul du loup et qui double tout le monde, lui révèle sa source, il a fait un rabais de 17 ou 20 % [...], il était 3 % au-dessus de nous et il a fait un rabais pour se mettre juste devant nous au même prix que Petroni. » Commentaire laconique de Pierre Natali : « Donc, il a eu des informations. »

Patrick Brandizi ne semble pas avoir été effrayé par l'assassinat d'un homme qui a signé le document lui ayant permis de postuler sur les marchés d'enrobés. Les mois qui suivent la mort de Jean Leccia, il s'active toujours et cherche le moyen de faire sa place dans le monde du BTP insulaire, voire de l'étendre. Au sortir d'une audition comme témoin dans l'enquête Leccia, il dit à un entrepreneur ajaccien, François-Julien Raffalli, également en butte à un système d'ententes, avoir « voulu faire comprendre, en disant qu'il avait repris sa liberté, qu'en Corse tout le

1. Interception téléphonique de la ligne attribuée à Pierre Natali, 1er octobre 2014. Procès-verbal du 16 octobre 2014.

monde travaille sous la coupe de Natali si on veut avoir du boulot[1] ».

Isolés, ces deux hommes, Brandizi et Raffalli, décident d'unir leurs forces et se concertent, en 2015, pour trouver le moyen, notamment par l'intermédiaire de la justice, de dénoncer les manœuvres dans l'obtention des marchés publics de la collectivité territoriale de Corse, et en particulier ceux concernant les enrobés[2]. Pour l'heure, c'est la seule surveillance de leurs communications qui permet de lever le voile sur certains secrets du BTP insulaire. Ils évoquent des complicités parmi les fonctionnaires territoriaux de la CTC, sans fournir de preuve. Leur dialogue illustre, *a minima*, les tensions encore vives qui subsistent entre les deux camps. Quant aux pratiques supposées de corruption, Brandizi et Raffalli affirment qu'elles sont « étendues au département de Haute-Corse ». Là aussi, sans apporter d'éléments probants.

Début 2015, Patrick Brandizi a perdu ses meilleurs appuis politiques. S'il conserve un contact régulier avec Yannick Castelli, le maire de Penta-di-Casinca, son père, Joseph Castelli, est devenu sénateur et sent déjà le boulet de la justice pour l'affaire de sa villa. Stéphane Domarchi a été prié, fin 2014, de quitter le département par le nouveau président du conseil général de Haute-Corse, François Orlandi. Et son frère Jean-Marc est sur le départ pour Paris. Brandizi décide d'encourager l'activisme de François-Julien Raffalli,

1. Interception téléphonique de la ligne attribuée à Patrick Brandizi, 7 octobre 2015. Procès-verbal du 20 octobre 2015.
2. *Ibid.*

pour tenter de desserrer l'étau et rééquilibrer les rapports avec les principaux groupes de BTP de Haute-Corse.

La justice en dernier recours

Au sein du duo, c'est François Raffalli, âgé d'une trentaine d'années, qui va au contact de l'institution judiciaire. Il a repris, à 23 ans, la société familiale Raffalli TP, créée par son père. En 2015, il franchit le pas et dénonce à la justice des faits remontant à fin 2013, début 2014. Il est alors candidat à l'appel d'offres lancé par la collectivité territoriale de Corse pour l'aménagement de deux ronds-points situés à la sortie de Bastia, à Furiani et à Casatorra. Une manière pour lui d'étendre vers le nord de l'île les activités de son entreprise. Ses révélations sur le mécanisme d'entente entre entreprises, administration et pouvoir politique conduisent à l'ouverture de plusieurs enquêtes qui mettent en lumière, dans l'une d'entre elles, des soupçons de liens avec le milieu criminel[1].

Déjà candidat pour le marché des ronds-points, il raconte avoir été convié à un déjeuner au Café de France, à Corte (Haute-Corse), en présence de douze personnes, à l'initiative d'une huile locale du Medef[2]. Originaire de Venaco, le fief des Giacobbi, cette personne est en contact régulier, selon les policiers, avec Mimi Viola pour faire passer des

1. Enquête préliminaire ouverte le 25 octobre 2015 au pôle économique et financier du parquet de Bastia, et confiée à la section de recherche de la gendarmerie.

2. Propos recueillis par l'auteur.

messages à la collectivité territoriale de Corse, notamment pour certains marchés, comme celui de la traversée de Venaco et de Saint-Pierre-de-Venaco.

«Les principales entreprises de travaux publics de l'île et l'essentiel des responsables économiques corses étaient au déjeuner[1]», raconte Raffalli. Les enquêteurs ont retrouvé la trace comptable de ce déjeuner au cours duquel, a expliqué M. Raffalli aux gendarmes, l'ensemble des marchés soumis à appels d'offres par la CTC étaient répartis selon un mécanisme dit «de couverture». Les entreprises se répartissent chaque marché grâce à des offres fictives pour garantir que l'une d'entre elles soit, à coup sûr, choisie en étant la moins-disante, entretenant ainsi une fausse concurrence.

«Ils m'ont fait venir pour me faire passer un message sur les chantiers Casatorra et Furiani», poursuit Raffalli. Il lui aurait été demandé lors de ce déjeuner de se désister du marché des ronds-points au motif qu'ils étaient réservés aux entreprises de Haute-Corse. Son refus d'obtempérer et l'attribution à son entreprise du marché ont, dit-il, sonné le début des «problèmes». Il est alors confronté à des difficultés croissantes dans la réalisation des chantiers, orchestrées, selon lui, par des éléments présents au sein même des services techniques de la CTC. En retour, ses détracteurs estiment qu'il a cherché, par ses déclarations, à détourner les regards de ses propres défaillances.

En effet, en 2015, la santé financière de sa société est en péril, ce qui le convainc de dénoncer le système au préfet de région et au procureur de Bastia. «J'ai aussi réagi aux

1. *Ibid.*

intimidations reçues au moment où je me positionnais sur les giratoires en Haute-Corse. » Le préfet, pour sa part, casse le marché des ronds-points pour soupçon d'entente. Aux gendarmes, M. Raffalli explique qu'on lui a alors proposé d'intégrer un groupement d'entreprises pour candidater pour le marché d'un autre rond-point, celui de Borgo (Haute-Corse), en lui promettant « 600 000 euros de travaux ». Il précise que cette offre était également faussée, car c'était « pour contourner le blocage du préfet ».

La commande publique en Corse, résume-t-il, n'est pas ouverte. « À chaque niveau, mairie, département, microrégion, région, il existe des mécanismes d'entente. À Bastia, sur la Plaine orientale ou à Porto-Vecchio, il est impossible de concourir sur les marchés, les décideurs disposent de procédures pour dissimuler les ententes. » Et, selon lui, le crime organisé est omniprésent, mais il sait s'abriter derrière des façades légales. « Pour avoir des affaires, les gens font appel aux voyous en Haute-Corse. Après, ces entreprises perdent toute liberté et si les mafieux voient leurs intérêts mis en danger, ils réagissent à leur manière, par la violence. »

Le jeudi 27 mars 2014, au cœur du village de San-Gavino-di-Fiumorbo, des centaines de personnes jalonnent le parcours du cercueil de Jean Leccia. La pluie s'est invitée aux obsèques. Les parapluies sont ouverts, comme en écho à la météo lors du scrutin municipal, quatre jours plus tôt. Six hommes, dont plusieurs conseillers généraux, portent le cercueil à bout de bras. La cérémonie a réuni de nombreux élus corses. Le gouvernement est représenté par Anne-Marie Escoffier, ministre déléguée (PRG) chargée de la

Décentralisation. La tristesse et la lassitude se lisent sur les visages. Le plus terrible, sans doute, est cette forme de fatalisme qui semble imprégner la société insulaire face à ce drame. L'île souffre d'un mal que l'on ne veut pas nommer, la mafia, et tant que ce déni existera, elle ne guérira pas.

Chapitre 6

Corse, open bar pour les mafieux

Le 25 juillet 2020, au cœur de l'été, la Corse est concentrée sur une saison touristique qui lui fait gagner en deux ou trois mois de quoi vivre le reste de l'année. Les insulaires, eux, sont pour beaucoup montés au village chercher la fraîcheur de l'air et la chaleur familiale. Tout le monde essaie d'oublier un instant un printemps bouleversé par la pandémie liée au coronavirus. Et ce matin-là, les vacanciers s'éveillent à peine quand les gendarmes prennent place à distance de la grande salle des fêtes de la commune de Borgo, la plus importante au sud de Bastia.

C'est là que doit se tenir l'élection du président du syndicat intercommunal d'électrification et d'éclairage public (SIEEP) de Haute-Corse, qui rassemble près de deux cents maires. Les forces de l'ordre veillent, de loin, au bon déroulement de l'événement, mais ils profitent aussi de l'occasion pour observer les allées et venues de plusieurs personnes à l'entrée de l'édifice transformé en bureau de vote. Certaines sont connues pour jouer, à l'occasion, les «gros bras» et peuvent impressionner. Elles ne sont pas venues pour rien, mais il reste à savoir pourquoi.

Les gendarmes savent que la campagne a été rude entre les deux candidats. Louis Semidei, président sortant, élu municipal à Linguizzetta, située sur le littoral juste avant Aléria, a vu sa gestion critiquée pour son manque de dynamisme. Il doit affronter un sérieux adversaire, Antoine Poli, conseiller territorial du groupe « Anda per Dumane », qui aime qu'on l'appelle « Tony » et affecte une assurance légèrement surjouée. Rien ne permet de mettre en doute, *a priori*, l'indépendance de l'élu, mais il est difficile d'oublier qu'il est aussi adjoint au maire de Venzolasca, Balthazar Federici, dont les trois frères sont des mafieux notoires.

Jean-François et Ange-Toussaint Federici purgent alors de longues peines de prison pour un double et un triple homicide[1]. Le plus jeune, Frédéric[2], beau-frère de Tony Poli, a lui aussi été poursuivi dans une affaire d'homicide mais fait équipe avec un autre gang sans pour autant renier sa fratrie. Toute l'île connaît de réputation cette famille que les

1. Jean-François Federici a été condamné en appel, en avril 2019, à 30 ans de réclusion criminelle pour un double assassinat. Pour Ange-Toussaint, son frère, la Cour de cassation a rejeté, le 23 janvier 2014, le pourvoi en cassation contre le verdict de la cour d'assises d'appel du Var qui l'avait condamné à 30 ans de réclusion criminelle le 16 octobre 2012. Les jurés ont assorti la peine d'une période de sûreté de 20 ans. Il a été reconnu coupable du triple assassinat du bar des Marronniers, commis le 4 avril 2006 à Marseille.

2. Frédéric Federici a été condamné, le 16 octobre 2014, à 2 ans et demi de prison par la cour d'appel de Paris à la suite d'un coup de force ayant permis d'écarter, en janvier 2011, l'équipe dirigeante du cercle de jeu du Wagram, un établissement proche des Champs-Élysées. Le 12 février 2016, il a de nouveau été condamné à 4 ans de détention dont 2 avec sursis pour association de malfaiteurs en vue de commettre l'assassinat de Jean-Claude Colonna, en juin 2008, aux côtés de plusieurs complices, dont Jean-Luc Germani et Stéphane Luciani qui écopent de 6 et 5 ans de prison.

Corses désignent par le sobriquet de « Bergers de Venzolasca », en raison de la réelle profession exercée par leur père. Dans ce village comme dans d'autres perchés en Haute-Corse, tels que Moltifao ou Corscia, transformés en fiefs familiaux, l'ombre du crime organisé pèse lourdement.

Politiquement, la période est faste pour le clan de Venzolasca. Un de leurs amis, Louis Pozzo di Borgo, conseiller municipal de Furiani, a été élu le 10 juillet 2020 à la tête de la puissante communauté d'agglomération de Bastia, la CAB. C'est la première fois que cette collectivité revient à un élu non bastiais. Pozzo di Borgo, ancien pompier volontaire, a su faire sa place dans la vie politique locale et capitaliser sur son entregent pour se faire élire en 2017 conseiller territorial sous la bannière de Femu a Corsica, la formation politique du patron politique de l'île, l'ancien avocat Gilles Simeoni.

Pour les Corses, Louis Pozzo di Borgo était surtout, au moment de son élection à l'Assemblée territoriale en 2017, le directeur général de la société de surveillance et de sécurité SISIS, une entreprise décrite par les autorités comme « une entité sous l'influence du clan Federici ». Elle aurait été fondée à l'instigation d'Ange-Toussaint Federici, à sa sortie de prison, en 2003[1]. Selon la justice, à cause de son passé pénal, il en a confié la gestion à des proches mais c'était lui qui trouvait les clients, une « influence » qui aurait perduré malgré son retour en détention. « La plupart des liens [commerciaux] pour la Haute-Corse, soulignaient déjà

1. Division financière de la direction régionale de la police d'Ajaccio, Rapport de synthèse final sur le dossier SISIS-AFSIS, 18 septembre 2008.

en 2008 les policiers, sont d'ordre familial. Pour l'heure, il s'agit du responsable du Crédit lyonnais et du directeur général de la chambre de commerce et d'industrie de Haute-Corse[1]. »

Le 17 juillet 2020, le clan de Venzolasca s'est également réjoui d'avoir remporté une autre victoire. Le même Tony Poli a conservé de justesse la présidence de la communauté de communes de la Castagniccia-Casinca. Il remettait son mandat en jeu après son élection en 2017. Il cumule cette fonction avec celle de président de l'association des maires ruraux de Corse. Huit jours plus tard, le voilà donc dans la salle des fêtes de Borgo où le nom des Federici est dans tous les esprits. « Ceux de Venzolasca », comme on l'entend murmurer[2], vont-ils faire la passe de trois avec la présidence du syndicat d'électrification de Haute-Corse, un mandat de six ans derrière lequel se cachent des enjeux insoupçonnés pour les non-initiés ?

La mission du syndicat est d'électrifier l'ensemble du département et de gérer la construction d'ouvrages, ce qui recouvre l'extension et l'enfouissement des lignes, le développement des infrastructures et les raccordements au réseau. Pour les entreprises locales et les communes, c'est un acteur financier non négligeable. Il tire son budget d'une part du programme exceptionnel d'investissement (PEI) de plus de 2 milliards d'euros, voté en 2002, pour quinze ans, afin « d'aider la Corse à surmonter les handicaps naturels

1. *Ibid.*
2. Propos recueillis par l'auteur auprès d'un élu municipal présent sur les lieux.

que constituent son relief et son insularité, et pour résorber son déficit en équipements et services collectifs».

Le syndicat est également éligible aux fonds du ministère de l'Agriculture. L'ensemble de cette manne lui permet de distribuer chaque année 4 à 5 millions d'euros de subventions dans le cadre des aides au développement et à l'électrification rurale. Il alloue aussi annuellement entre 10 et 15 millions d'euros de marchés publics. Une source de revenus précieuse sur une terre sans industrie, à laquelle s'est greffé un accord-cadre, signé en 2018 avec la collectivité territoriale de Corse pour un plan quinquennal d'investissement électrique et numérique estimé à 30 millions d'euros.

Qualifié de «velléitaire» par ses détracteurs, Louis Semidei a pourtant sonné la mobilisation quand Tony Poli s'est déclaré candidat, notamment en agitant le drapeau du «risque hégémonique du clan Federici» sur la Haute-Corse. Plusieurs semaines avant le vote, le constat est inquiétant. Plus d'une dizaine d'élus, qui soutenaient auparavant Semidei, ont fait part de leur volonté de basculer dans le camp de Venzolasca. Plus inquiétant encore, la préfecture est informée que le maire de la commune de Tox a été menacé afin qu'il apporte son soutien à Poli. Les vérifications ne permettront pas d'identifier l'origine des pressions.

Une contre-campagne active est menée avec l'aide du maire de Linguizzetta, Séverin Medori, dans l'espoir d'inverser la tendance négative. Au terme du vote dans la salle des fêtes de Borgo, le 25 juillet, Louis Semidei l'emporte plus facilement que prévu, avec 153 voix contre 75 à Antoine Poli. Les mines patibulaires qui rôdaient dans les parages n'y ont rien pu. Selon des écoutes téléphoniques réalisées par la police judiciaire, Ange-Toussaint Federici a demandé, une fois le résultat connu, que l'on appelle de sa part le président réélu pour lui dire «qu'il n'est pour rien» dans la tentative de Tony Poli de lui ravir son mandat[1].

Sans doute peu convaincu par ces propos transmis de prison par le chef mafieux, Louis Semidei fait paraître un encart dans le journal local *Corse Matin*. Intitulé sobrement «Louis Semidei remercie», le communiqué marque par sa franchise sur ce qu'endurent les élus corses confrontés aux pressions mafieuses : «Dans notre région, écrit-il, il est bon que des secteurs essentiels pour la vie économique et le bien-être de tous restent à l'abri des ambitions et des convoitises. À l'heure où certains pensent que tout doit céder devant eux, c'est un signe d'espoir que quelques-uns décident de résister, avec succès ! Merci d'avoir eu le courage et l'adresse de faire face.»

Chaque mot compte car ici chacun sait, instruit par l'expérience, que l'on peut payer cher certaines déclarations publiques. Sous couvert d'un propos banal, il expose publiquement une réalité insulaire. Lorsque Louis Semidei parle de «convoitises», il ne désigne pas l'ambition, il parle, sans donner de nom, de prédation, celle d'un pouvoir occulte et violent qui fait peser sa loi de manière diffuse mais suffisamment visible pour être connue. Semidei montre aussi que l'on peut résister quand on est unis. La société corse est ainsi faite de rapports de force sur lesquels l'État ne semble

1. Selon une information transmise au bureau de liaison corse réunissant des magistrats de la juridiction interrégionale spécialisée en matière de lutte contre le crime organisé et des parquets de Bastia et d'Ajaccio.

guère avoir de prise. Le lien d'amitié, familial ou de village n'est bien sûr pas un délit pénal. Mais les Bergers savent faire prospérer leurs affaires comme personne, souvent sous les regards des policiers.

Les Bergers sur le dos des élus

Les surveillances effectuées sur les Federici, entre 2015 et 2017, attestent la permanence de leurs efforts pour défendre leurs intérêts auprès du monde politique local[1]. Certains élus en font les frais, comme Jean-Christophe Angelini, leader autonomiste, futur maire de Porto-Vecchio, encore influent président de l'agence de développement économique pour la Corse et troisième sur la liste conduite par Gilles Simeoni aux élections territoriales du 3 décembre 2017. Son nom sort, lors d'une visite du fils d'Ange-Toussaint Federici, surnommé « Obé » ou « Petit Pierre », à son père, alors incarcéré. Il vient lui rendre compte des affaires du clan.

Il rapporte, en effet, être en contact avec Angelini pour décrocher de nouveaux marchés au profit de Casinc'Air, une société de fret aérien présente dans les différents aéroports de Corse et dont le chiffre d'affaires a baissé avec la perte de clients importants, comme Chronopost. La seule trace de ce contact trouvée par les policiers remonte à une conversation téléphonique, interceptée le 4 août 2015, portant sur un marché de fret ouvert lors de l'extension de

1. Surveillances techniques réalisées par les services de PJ à l'encontre d'Ange-Toussaint Federici, septembre 2015 à juillet 2017.

l'aéroport de Figari, qui «confirme le relationnel des Federici avec la famille Angelini[1]», tous originaires de la même micro-région, la Casinca, sur la côte orientale de l'île.

Ce jour-là, Pascal Angelini, le frère de Jean-Christophe, propose effectivement à Petit Pierre de rester en lice pour le nouveau marché de fret, afin de faire barrage à d'autres concurrents, puis de se désister en sa faveur. «Preuve, s'il en était, notent les policiers, que les règles d'attribution des marchés publics s'effacent devant la puissance de la famille de Venzolasca.» Jean-Christophe Angelini admet connaître Pierre Federici, mais précise qu'il n'a pas été «sollicité sur des affaires de marchés[2]». Il dément par ailleurs le rôle prêté à son frère Pascal dans l'affaire de fret à Figari.

Voilà des années que la «convoitise» des Federici s'abat sur la société corse. En octobre 2015, les échanges de Petit Pierre avec un oncle par alliance ont mis en évidence les mésaventures du maire de Saint-Florent (Haute-Corse). À l'époque, le fils d'Ange-Toussaint cherche à acquérir des terrains dans cette commune pour un projet de construction. Il s'intéresse de près au plan local d'urbanisme (PLU) et entame des discussions avec le maire (divers droite), Claudy Olmeta. Le 25 janvier 2016, il fait savoir à son père que l'élu «bloque tout», ce qui lui vaut comme réponse : «La prochaine fois que tu vas le voir, passe-lui le téléphone, juste pour lui dire bonjour[3].» Les policiers ont ce commentaire : «Un bonjour loin d'être purement amical…»

1. *Ibid.*
2. Propos recueillis par l'auteur.
3. Surveillances techniques […] Federici, *op. cit.*

Le maire tient bon. Le 22 juin 2016, le PLU de Saint-Florent est adopté et rend caduc le projet des Federici. Trois jours plus tard, Petit Pierre se rend à la mairie pour « avoir des explications » et pour qu'on lui « arrange le terrain ». À l'issue du rendez-vous, il estime avoir « parlé dans le vide ». L'enquête ne dit pas ce qui s'est passé jusqu'au 26 septembre 2016 mais, à cette date, le même Pierre Federici et son oncle annoncent avoir signé une promesse de vente et relancé ainsi le projet de construction. Le 15 janvier 2017, le terrain est acheté[1].

La commune très touristique de Bonifacio (Corse-du-Sud) fait elle aussi partie des cibles du clan. En 2015, Petit Pierre informe son père de son intérêt pour une propriété de 20 000 mètres carrés, dont seuls 6 000 seraient constructibles. Ange-Toussaint a une solution toute trouvée : il faut aller voir le maire pour lui dire de doubler la surface constructible et de ne pas faire apparaître son nom sur les premières démarches.

Sur la même commune, une autre affaire a paru intéresser au plus haut point les Federici : un projet immobilier en jachère, situé au-dessus de la splendide baie de Santa-Manza, dans le nord de la ville. Des investisseurs suisses sont sollicités. La police note : « Cette société suisse récemment créée (mai 2016), dont l'objet social consiste à mettre en relation des investisseurs, pourrait constituer aisément un paravent destiné à donner une apparence légale à des opérations financières douteuses mises en place par le clan Federici[2]. »

1. Sollicité par l'auteur en 2019, le maire n'a pas souhaité répondre.
2. Surveillances techniques [...] Federici, *op. cit.*

Les Bergers savent aussi rendre des services aux élus en jouant, à l'occasion, le rôle d'« agents électoraux », selon l'expression policière. L'interception, le 12 novembre 2015, de la ligne de « Pilou » Montet, cheville ouvrière du clan de Venzolasca, montre Dominique Viola alias « Mimi », bras droit de Paul Giacobbi, alors président (divers gauche) de l'exécutif de la collectivité territoriale de Corse et député de Haute-Corse, en train de solliciter l'aide de Montet pour remplir les salles de meeting en vue des élections territoriales de décembre 2015. Viola lui demande de joindre ses contacts politiques, notamment à la mairie de Bastia, pour mobiliser du monde.

Le 29 novembre 2015, Viola le rappelle : « Bombarde dans ton relationnel, parce que le meeting d'hier soir, il a déjà fait effet. [...] Regarde pour le 3 à Bastia et à Ajaccio pour le 4 au soir pour faire venir des gens. [...] Le vendredi sera terminal à Ajaccio, tu monteras ton copain V., comme ça, vous venez. [...] Allez remplis, remplis[1]. » On ne connaît pas l'éventuelle contrepartie de ce soutien mais des interrogations peuvent légitimement être soulevées sur le caractère purement bénévole de l'aide apportée par le clan Federici. Ces efforts seront vains. M. Giacobbi sera battu par une coalition réunissant autonomistes et indépendantistes.

1. *Ibid.*

Les Bergers font pression sur les chefs d'entreprise

L'activisme tous azimuts des Bergers ne vise pas que les élus. Les chefs d'entreprise sont aussi soumis à leurs démarches. Lorsque Ange-Toussaint Federici reçoit le 7 novembre 2015 une nouvelle visite de son fils, Petit Pierre, ce dernier lui relate cette fois-ci l'état de ses discussions avec Patrick Brandizi, devenu un acteur économique en vue de Haute-Corse[1]. Un an plus tôt, cet entrepreneur du BTP s'était retrouvé au cœur d'investigations judiciaires à propos de soupçons d'entente sur fond d'assassinat d'un haut fonctionnaire territorial, Jean Leccia.

Après avoir été soupçonné en 2014 d'entretenir des liens de proximité avec des proches du grand banditisme insulaire dans l'affaire dite «des enrobés», Brandizi est surpris en train de dialoguer avec des membres notoires du crime organisé corse. Le fils d'Ange-Toussaint Federici évoque notamment un projet de construction d'une zone commerciale à Pietranera, à la sortie nord de Bastia. Mais selon lui, l'entrepreneur refuse de se charger de l'attribution de l'ensemble des enseignes qui doivent s'installer sur le site et veut partager cette tâche.

Pierre Federici assure à son père avoir répondu qu'il entendait donc assumer lui-même une part de cette distribution. Une solution contestée par Ange-Toussaint qui lui fait la leçon sur les techniques d'intimidation et de prédation. «Il ne faut pas dire comme ça. [...] [Il faut dire] : "Le terrain, c'est le nôtre. Pour les enseignes, celui qui va rentrer,

1. *Ibid.*

il faut qu'il passe par moi[1]."» Il n'est pas sans danger de vouloir faire des affaires avec des voyous. Négociation rime vite avec intimidation.

Un mois plus tard, Petit Pierre est de retour au centre pénitentiaire. Il transmet le «bonjour de Brandizi» et informe son père que ce dernier souhaite désormais reprendre une station-service, ainsi que la gestion d'une brasserie. De nouveau, il paraît contrarier son paternel qui lui donne l'ordre de s'imposer de force dans ces deux affaires sans demander son avis à Brandizi[2]. Le 29 janvier 2016, les Federici, père et fils, parlent d'un autre projet de construction commerciale sur un terrain de 50 hectares dans la commune de Vescovato. Face au refus de Brandizi de s'y associer, au motif qu'il détient déjà des promesses de vente sur deux terrains contigus, Ange-Toussaint impose ses règles et lui indique par l'entremise de son fils : «Ici, tu n'achètes rien, nous y sommes, basta[3].»

Pour Patrick Brandizi, nulle trace dans ces conversations de liens de soumission; il estime, pour sa part, qu'il n'aurait pas été «raisonnable et justifié» d'adresser une fin de non-recevoir brutale aux Federici, mais qu'il n'a jamais eu l'intention de faire affaire avec eux[4]. «À Pietranera, ils voulaient me vendre un projet de construction de logements, je leur ai dit que j'avais déjà un projet en cours, depuis ils l'ont revendu. Pour Vescovato, ils voulaient faire venir un Décathlon sur leur terrain et m'associer à leur zone

1. *Ibid.*
2. *Ibid.*
3. *Ibid.*
4. Propos recueillis par l'auteur.

commerciale, j'ai dit non. À la limite, il pouvait y avoir une synergie pour aménager la circulation autour de mes terrains et du leur.» Il n'en dira pas plus sur son expression : «raisonnable et justifié».

Brandizi n'est pas le seul entrepreneur insulaire à devoir à cette époque gérer les interventions des Federici. D'autres interceptions techniques lèvent le voile sur leur souhait de nouer des partenariats avec Patrick Rocca, président du groupe Rocca, l'un des premiers employeurs de l'île, présent dans de nombreux secteurs[1] (transport, déchets, BTP, promotion immobilière et commerciale...). Les Federici sollicitent également son aide pour faire repartir la société Casinc'Air dont l'activité de fret aérien est toujours en chute libre. En Corse, les voyous sont aussi souvent des hommes d'affaires et se revendiquent comme tels.

Les Federici, par le biais de Petit Pierre, démarchent, enfin, Patrick Rocca, détenteur de la franchise Décathlon sur l'île, pour le presser d'installer un magasin à cette enseigne sur un de leurs terrains, situé au sud de Bastia. M. Rocca se souvient de ces discussions : «Pierre Federici est venu me demander si j'avais du fret aérien, ce qui n'est pas le cas, ou si je pouvais l'aider à rencontrer un commercial de la société UPS, mais elle ne travaille pas en Corse – le marché est trop étroit. Pour le projet de Décathlon sur le terrain des Federici, cela en est resté au niveau des palabres, mais si un jour je veux me développer vers la Haute-Corse, pourquoi pas[2]...»

1. Surveillances téléphoniques sur le lieu de détention d'Ange-Toussaint Federici, 7 novembre 2015 au 19 juillet 2016.

2. Propos recueillis par l'auteur.

Cette interprétation des conversations entre Rocca et les Federici n'est pas celle des policiers. Ces derniers estiment, en effet, «pouvoir légitimement [s']interroger sur le caractère consenti des relations existantes entre M. Rocca et la famille Federici». L'ensemble des écoutes est pour le moins troublant. En mars 2015, Ange-Toussaint reçoit au parloir son frère aîné, Balthazar, maire du village familial de Venzolasca et élu territorial (PRG) de 2008 à 2015. Il évoque avec lui la reprise par M. Rocca de la compagnie maritime Société nationale Corse-Méditerranée (SNCM, devenue Corsica Linea). Il promet qu'à sa sortie de prison il le fera «monter au village». Une formulation qui, en langage d'initié, n'a rien d'amical. Mais ces propos, pour M. Rocca, ne doivent pas être pris à la lettre. «Faire monter au village ou descendre à la cave, ce sont des mots, explique-t-il. Ce qui compte, c'est le fruit de son travail[1].»

Le repenti se met à table

S'installer à la table des mafieux permet de prendre la mesure de leur emprise sur la société corse. Outre les moyens techniques de surveillance, écoutes téléphoniques, pose de micros espions ou filatures, une «nouvelle arme» est apparue, depuis le début des années 2010, dans le monde de la lutte contre le crime organisé corse : le repenti. Ce dispositif est effectif depuis 2014, mais il peine encore, en 2022, à s'installer dans le paysage judiciaire. L'opinion

1. Propos recueillis par l'auteur.

publique voit toujours en lui un traître et non un collaborateur essentiel de justice. Enfin, le législateur, épris de morale davantage que d'efficacité, a coupé dès la rédaction de la loi les ailes d'un programme de protection de témoin en votant un texte qui embarrasse les juges plus qu'il ne les aide.

Claude Chossat est le premier repenti corse. Il a été le chauffeur et la petite main de Francis Mariani, l'un des membres fondateurs de la bande de la Brise de mer qui a dominé la mafia insulaire pendant près de trente ans, jusqu'à imploser entre 2008 et 2009 dans une guerre fratricide. Il a décidé, en décembre 2009, de rompre l'omerta et de dire à la justice ce qu'il savait. Une première. Une bonne part de ses déclarations se sont révélées exactes après vérification. Il a fait faire à la justice, à la police et même à la presse un bond gigantesque en matière de connaissance du fonctionnement interne de la mafia corse.

Pourtant, il restera toute sa vie un repenti de fait et non de droit. En 2016, Brice Robin, alors procureur de la République de Marseille, peu sensible à sa situation, a préféré délivrer un avis négatif à sa demande de protection, ce qui l'a rendu inéligible au statut de repenti. Un choix qui contredit celui des juges d'instruction et des principaux chefs policiers chargés de la lutte contre le crime organisé qui ont nourri leurs dossiers grâce à ses révélations et savent ce qu'ils lui doivent. Non protégé par l'État en dépit des risques encourus, le témoignage de cet homme qui connaît le crime organisé de l'intérieur, pour avoir vécu au plus près de lui de 2007 à 2008, est précieux.

Pour lui, l'emprise de la mafia s'est accrue entre 2009 et 2019. « Avant, dit-il, les criminels corses se focalisaient sur les grosses affaires ; maintenant, ils s'intéressent même aux petites structures. Un électricien qui fait 200 000 euros par an n'y échappe pas. Le trafic de stupéfiants sur l'île a explosé, cannabis et cocaïne, alors que jusque dans les années 2008-2009, le crime organisé corse ne touchait pas à la drogue[1]. »

Le voyou corse, nouvelle figure populaire

Selon lui, la figure populaire du militant clandestin nationaliste, image forte des années 1980-1990, est désormais dominée par le mythe du voyou auquel Chossat n'a lui-même pas échappé. « C'est l'attirance pour l'adrénaline, le paraître. Pour moi, c'était la reconnaissance sociale, le sentiment de puissance, la crainte inspirée. La Corse, c'est le supermarché du milieu. Ils se servent. Les concessions automobiles vous prêtent des voitures sans payer, les agences immobilières vous donnent les clés de villas de luxe en location, c'est pareil pour les bateaux[2]. »

Observateur privilégié des dernières années de la Brise de mer, il a vu ses barons à la manœuvre avant qu'ils ne s'entretuent. La Brise, explique-t-il, avait installé un système très organisé. Elle disposait de relais dans tous les secteurs d'activité, y compris les banques, où elle intervenait même

1. Propos recueillis par l'auteur, 2019 et 2020.
2. *Ibid.*

pour faire obtenir des prêts. « Des maires les préviennent de la future modification du plan local d'urbanisme et de l'ouverture de nouveaux terrains à la construction ou de l'extension d'un port de plaisance. On leur donne des documents confidentiels et les permis de construire sont une formalité », relate Chossat. De même, ses membres n'ont pas besoin d'attendre pour faire goudronner le chemin qui mène à leur maison-forteresse.

« À l'époque où j'avais une petite entreprise, relate-t-il, j'ai demandé à Daniel Vittini, un proche de la Brise de mer [tué le 3 juillet 2008], de m'aider à avoir un marché. Peu de temps après, un important groupe de BTP de Haute-Corse me donnait un lot de maçonnerie en sous-traitance. » Les mafieux savent aussi créer artificiellement des liens de dépendance. « La Brise avait envoyé un gars faire sauter la devanture du casino de Porto-Vecchio, anticipant le fait que le propriétaire viendrait demander sa protection. Manque de chance, il est allé voir les Federici, qui lui ont accordé leur aide et pris la contrepartie financière. »

La longévité de la mafia corse tient dans la force de son réseau. Chossat raconte que les membres du noyau dur de la Brise « avaient des relais auprès de députés, sénateurs, maires et même au sein du gouvernement ». Il n'y a jamais de contact direct. « Devant moi, en 2008, un braqueur, neveu par alliance de Francis Mariani, l'avait convaincu d'intervenir auprès des autres piliers de la Brise pour promouvoir Paul Giacobbi, alors président du conseil général de Haute-Corse. » Le 25 mars 2010, M. Giacobbi est élu président du conseil exécutif de Corse. «Je ne sais pas s'il y a une relation de cause à effet», dit Claude Chossat.

Paul Giacobbi a toujours démenti les soupçons de collusion avec le milieu, qui n'ont par ailleurs jamais été démontrés judiciairement.

Un élu devenu porte-serviette de la mafia

En revanche, il est un autre élu dont la justice a pu mettre, un instant, en exergue l'implication directe dans les affaires de la Brise de mer, et notamment dans la façon de collecter le fruit de ses activités illégales, comme pour les recettes du cercle de jeu parisien du Wagram. Au cours de l'enquête judiciaire visant le fonctionnement de l'établissement, le directeur des jeux lâche aux policiers que des enveloppes sortaient chaque mois et qu'elles étaient convoyées en Corse par diverses personnes.

Plusieurs témoignages livrent le nom de Jean Casta. Homme à l'entregent reconnu, il a été le directeur des relations publiques pour la Corse au sein d'Air France de 1972 à 2008. Conseiller général puis régional, maire de Pietralba, il n'a rien d'un voyou mais semble avoir payé au prix fort ses amitiés avec les frères Guazzelli, autres barons de la Brise de mer. «J'ai toujours eu des relations amicales voire familiales avec les Guazzelli», dit-il devant le juge[1]. Mais les voyous n'ont cure de la vraie amitié, celle qui met en garde l'ami ou, tout du moins, le préserve.

L'argent prime sur tout. «La toute première fois, rapporte Jean Casta aux policiers qui l'interrogent, Francis Guazzelli

1. Interrogatoire de première comparution du 15 mars 2012.

est venu me voir en 2000. Nous étions en Corse, à Bastia. Je crois me souvenir que c'était place Saint-Nicolas. Francis m'a entrepris en me demandant si cela m'ennuierait de ramener une enveloppe [...]. Je lui ai demandé si le cercle était à lui et Richard Casanova car je savais qu'ils travaillaient ensemble. Toute la Corse le savait. Francis Guazzelli m'a répondu qu'ils possédaient des parts dans le cercle Wagram[1]. »

Jean Casta dit n'avoir rien touché pour ce service qu'il rendait tous les mois ou tous les deux mois, soit « de fin 1999 à 2006, entre 35 et 40 enveloppes » qui « pouvaient contenir 50 000 euros en moyenne, peut-être 80 000 euros ». Les enquêteurs font un calcul rapide du total des sommes transportées : « Entre 5 et 10 millions d'euros ? » demandent-ils. « Oui, c'est ça, inutile de nier l'évidence. » Devant les policiers puis le magistrat instructeur, Jean Casta parle. Ce n'est pas un habitué des gardes à vue. Point de stratégie d'évitement, de mensonge, il n'a pas préparé ses réponses à l'avance.

Début juin 2012, quatre mois plus tard, il a récupéré de cette épreuve judiciaire et il a réussi, après le choc de son incarcération, à retrouver son calme. Ce n'est plus le même homme décomposé. Face au juge d'instruction, il a changé de ton et de version. Le 14 avril 2012, il avait confié « sa honte de n'avoir pas su dire non de peur de les [les Guazzelli] froisser », en ajoutant qu'il se sentait « toujours mal à chaque voyage ». Cette fois-ci, il nie : « Tout ce que j'ai

1. Jean Casta, sixième déposition lors de sa garde à vue, 14 avril 2012.

dit lors de ma garde à vue est un tissu de mensonges… Je m'étonne moi-même de ce que j'ai pu dire[1] ! »

La Brise a ses antennes à Beauvau et Vendôme

Selon Chossat, la toile de la Brise de mer s'étendait jusque dans les ministères de l'Intérieur et de la Justice. D'après lui, elle faisait passer des messages par certains élus, maires, députés ou certains conseillers de présidents de collectivités territoriales, comme l'un des bras droits de Paul Giacobbi au conseil général de Haute-Corse, puis à la collectivité territoriale de Corse de 2010 à 2015[2]. Le nom de ce conseiller apparaît même dans un procès-verbal de surveillance qui relate une rencontre dans un café parisien avec un membre du parquet de Paris. « Dans le Sud, ce rôle était joué par un poids lourd de la chambre de commerce d'Ajaccio et entrepreneur local », ajoute Chossat[3]. Le même homme apparaît au contact du clan Federici, au début des années 2010, pour les aider à conquérir la gestion du fret dans les aéroports.

C'est l'une des facettes encore inexplorées de l'histoire de la Brise de mer et de la mafia corse : comment le crime organisé a pu prospérer grâce à la corruption. « L'un des principaux factotums de la Brise de mer, Christian Leoni [tué en octobre 2011], était en contact avec des enquêteurs

1. Jean Casta a été condamné, le 4 novembre 2013, à 2 ans d'emprisonnement dont un avec sursis.
2. Sollicité à plusieurs reprises, entre 2018 et 2020, l'intéressé n'a jamais donné suite aux questions de l'auteur.
3. Propos recueillis par l'auteur, 2019 et 2020.

de la police judiciaire à Bastia. Certains n'ont pas encore été identifiés et renseignent toujours ce qui reste de la Brise et ses héritiers[1]. »

Le contrôle du territoire par la mafia locale est plus serré que ne l'imaginent les fonctionnaires de passage quelques années sur l'île. Quand les magistrats ou policiers arrivent en Corse, des anonymes, patrons de bars, commerçants, agents immobiliers ou garagistes, informent les voyous sur leurs habitudes. « On sait vite où ils mangent, où ils habitent, où ils vont à la plage, détaille Chossat. Si le contact est fait, souvent grâce à l'argent, après c'est l'engrenage, on demande l'identification d'une plaque, puis la copie d'une fiche de police, puis d'être prévenu à l'avance, etc.[2] »

Pour faire disparaître un gros dossier judiciaire au tribunal d'Ajaccio en 2002, la Brise aurait mobilisé, selon Chossat, « un ex-notaire, un avocat, un douanier et un greffier ». Lors du procès pour assassinat en région parisienne en 2006, du fils d'un baron de la Brise, Chossat raconte avoir « vu Francis Mariani passer par trois intermédiaires pour qu'un maire d'une grosse ville de Corse-du-Sud intervienne auprès de Jacques Chirac, alors président de la République, pour faire pression sur la justice. Je ne sais pas si cela a un lien mais, à la fin du procès, l'avocat général a refusé de prendre des réquisitions et ils ont été acquittés[3]. »

1. *Ibid.*
2. *Ibid.*
3. *Ibid.*

Le clan Germani à la manœuvre

C'est l'ensemble du territoire insulaire qui est ainsi quadrillé par les appétits mafieux. La Brise de mer et le clan du parrain Jean-Jé Colonna, entre 1985 et 2008, ou plus récemment le Petit Bar en Corse-du-Sud, et les Federici, en Haute-Corse, ne sont pas les seuls à avoir considéré cette île comme un « supermarché ». Une dernière équipe de voyous redoutés, réunie autour de Jean-Luc Germani – le beau-frère de Richard Casanova, le baron de la Brise tué par les siens en avril 2008 –, est également suspectée de prélever sa part sur les marchés publics et privés de l'île grâce à la peur qu'elle inspire.

En Corse, on identifie souvent l'importance d'un voyou à la manière de l'appeler. L'usage du seul prénom est le signe d'une certaine renommée. C'est le cas de Jean-Luc Germani. Jusqu'au début des années 2000, la justice le connaissait pour son parcours de braqueur dans le sillage de l'équipe des Bergers de Venzolasca. Malfaiteur reconnu – statut qu'il conteste –, s'il est associé à l'équipe Federici, il est surtout proche, question d'affinités, de Stéphane Luciani, Antoine Quilichini et du benjamin des Federici, Frédéric. Au point qu'avec ces trois acolytes, il forme un quatuor inséparable qui se targue de fonctionner selon des règles internes encore plus draconiennes que celles qui ont permis à la Brise de mer de prospérer pendant plus de vingt ans dans le paysage criminel corse.

Mais la vie de « Jean-Luc » va changer après l'assassinat, en avril 2008, de son beau-frère, « Richard », identifiable aussi par son seul prénom. L'homme d'action qui sait aussi être affable et ouvert à la discussion, devient d'un coup exécuteur testamentaire d'un baron dominant de la Brise de mer. Peu de temps avant la mort de son beau-frère, il s'était déjà un peu rapproché de Richard qui l'avait incité à voyager. Jean-Luc s'était fait délivrer le 24 juillet 2007 un visa par les autorités gabonaises en prévision d'un déplacement. Le 18 mars 2008, il était parti aux États-Unis. Mais la mort de Casanova, qui fait vaciller le milieu criminel organisé corse, le contraint aussi à assumer un héritage imprévu. Il le fera aux côtés de ses trois amis et d'affidés, en Corse et sur le continent, mais aussi à l'étranger où Richard avait étendu sa toile, notamment en Afrique.

Dans le même temps, le noyau dur de la Brise de mer est décimé. La plupart de ses membres disparaissent un à un. Le 12 janvier 2009, Francis Mariani meurt dans l'explosion criminelle d'un hangar. Le 10 février 2009, Pierre-Marie Santucci est abattu par une seule balle à longue distance. Le 15 novembre 2009 vient le tour de Francis Guazzelli, touché au volant de sa voiture qui tombe au fond d'un ravin. Le 7 août 2012, Maurice Costa est tué devant une boucherie à Ponte-Leccia. Dans le sud, les héritiers de Jean-Jé Colonna ont subi le même sort. Jean-Claude Colonna, son cousin, est tombé le 16 juin 2008 et Ange-Marie Michelosi, le fidèle lieutenant, a été exécuté le 9 juillet 2008.

La voie est libre pour Germani et ses amis qui peuvent également compter sur l'ami fidèle de Casanova, le riche Corso-Africain Michel Tomi. Dirigeant d'un groupe important implanté en Afrique, spécialisé dans les jeux et l'immobilier, il a noué des liens de proximité avec plusieurs chefs d'État africains pour lesquels il gère aussi bien les achats d'avion et de véhicules de luxe que les soins de santé dans les meilleurs établissements du monde. Ses moyens lui permettent sans difficulté d'assumer maintes dépenses du clan Casanova, locations de voitures, d'appartements chics à Paris et soutien financier.

Même de prison, où il séjourne un temps pour association de malfaiteurs sur fond de règlement de comptes au sein du milieu corse, Germani continue de gérer ses affaires. Il dispense à l'occasion ses conseils aux plus jeunes. En détention à la prison des Baumettes, à Marseille, il a ainsi pris l'habitude de deviser avec Guy Orsoni, le fils du leader nationaliste Alain Orsoni, ex-chef du Mouvement pour l'autodétermination (MPA) et d'une avocate ajaccienne de renom. Le jeune Orsoni, à la tête d'une équipe d'une dizaine de personnes, se rêve en « patron » d'Ajaccio, mais il est en butte à la concurrence d'une autre bande, celle du Petit Bar. Les deux hommes ne savent pas que la cellule où ils se retrouvent pour discuter a été truffée de micros par la police.

L'enregistrement dure du 2 septembre 2015 au 2 mars 2016. Ce long dialogue est instructif. Mélange de transmission entre générations au sein de la mafia insulaire, de descriptions sans filtre de son emprise sur la société corse et de projets d'expansion pour leurs affaires, il offre une vision de l'intérieur du fonctionnement d'un système organisé dont l'histoire est déjà ancienne. Il atteste aussi l'existence d'alliances criminelles et d'une prédation systémique sur la vie économique de l'île. Enfin, la lecture des heures de retranscription constitue une plongée dans le cerveau même du voyou corse. Une manière très concrète, presque palpable, de prendre conscience du préjudice subi par une collectivité entière.

À l'assaut du marché de l'hôpital d'Ajaccio

Un sujet semble particulièrement intéresser les deux interlocuteurs : le marché du nouvel hôpital d'Ajaccio, un établissement qui doit remplacer l'ancienne Miséricorde, qualifiée de « médiévale » par certains professionnels de santé et de « peu sûre » par nombre de patients. La future construction doit répondre aux besoins d'une agglomération de 100 000 habitants. Lors de la surveillance des discussions entre Germani et Orsoni, l'État, attributaire d'un chantier estimé à près de 100 millions d'euros, a déjà tranché en faveur d'une grande entreprise italienne de construction, INSO.

Les autorités ont dû au préalable affronter les protestations du BTP corse qui estimait que ce marché devait lui revenir pour faire face à une situation économique tendue. Le 8 décembre 2013, François Perrino, fondateur du groupe immobilier ajaccien du même nom, déclarait ainsi : « Bon nombre de nos entreprises sont au bord du dépôt de bilan. Dès qu'il se présente quelque chose de positif, il y a volte-face. Dès lors, nous sommes des mafieux, notre argent est sale, etc. Lorsqu'on veut tuer son chien, on lui trouve toujours la rage. Le véritable ballon d'oxygène que représentait ce projet s'envole, on nous enlève le pain de la bouche[1]. »

Près de deux ans plus tard, dans sa cellule des Baumettes, Jean-Luc Germani évoque lui aussi avec Orsoni, le marché de l'hôpital. À l'entendre, tout n'échapperait pas aux Corses dans cette affaire. « Ils ont donné à des Italiens parce qu'ils savaient qu'on était dessus, assure-t-il. L'histoire de l'hôpital, on a discuté avec les Italiens, et avec l'autre aussi avec les marchés [...], c'est lui qui gère le boulot, mais il sous-traite avec des entreprises corses. On envoie des [gens] à la réunion, y a des nationalistes aussi, y a tout de monde... On a discuté un peu avec eux, ça nous gênait pas, du moment qu'on y était[2]. » Un vrai partage entre forces occultes insulaires qui font main basse sur la richesse collective.

Néanmoins, à l'écouter, il y aurait tout de même un souci, dit-il à Orsoni. « L'hôpital, c'est 120 millions d'euros, tu sais... ! C'est un très gros marché[3]. » Si gros, « que les gens ont trop discuté » au point que « les condés [policiers] serraient [étaient aux aguets[4]]. » De plus, la concurrence aurait joué contre lui. « Le groupe Vendasi nous a mis des bâtons dans les roues, c'est lui qui a fait savoir que

1. Propos extraits d'un article de *Corse Matin*, daté du même jour, consacré au projet de modernisation de l'hôpital d'Ajaccio.

2. Retranscription de la sonorisation effectuée du 2 septembre 2015 au 2 mars 2016, conversations de Jean-Luc Germani et Guy Orsoni, incarcérés à la maison d'arrêt des Baumettes (commission rogatoire n° 418/5, délivrée le 8 novembre 2018 par Mme Anaïs Trubuilt, vice-présidente chargée de l'instruction au tribunal judiciaire de Marseille), 23 décembre 2019.

3. *Ibid.*

4. *Ibid.*

Brandizi, il était avec nous[1]... » De nouveau, le nom de Patrick Brandizi, l'entrepreneur qui se fait fort de casser les ententes historiques du BTP corse, surgit dans une affaire judiciaire. Cette fois-ci, de la bouche même des voyous.

Ces mots font en effet écho à un autre dossier, celui des « enrobés » de Haute-Corse, apparu dans l'enquête sur l'assassinat de Jean Leccia en 2014. Ils font le lien avec l'une des pistes encore explorées au moment même où ces conversations sont interceptées, celle d'une alliance entre le clan Jean-Luc Germani et Patrick Brandizi, pour prendre pied sur les très lucratifs marchés routiers de Haute-Corse. Une irruption qui aurait causé, indirectement, la mort du haut fonctionnaire territorial.

Une discussion dans une cellule de prison ne fait pas une démonstration devant un tribunal. Avant même d'être enregistrées par des micros espions, les affirmations de collusion avec Germani avaient été démenties par l'entrepreneur Brandizi, qui aime à répéter qu'il n'est « ni raisonnable, ni justifié » de refuser le dialogue avec ce type de figures insulaires, que ce soit les Federici ou Germani[2]. « Sur cette île, dit Brandizi, parler ne signifie pas se compromettre, c'est une société de proximité où tout le monde se connaît. Quant aux espoirs de chacun, il ne m'appartient pas de juger[3]. »

1. *Ibid.*
2. Propos recueillis par l'auteur.
3. Fin mars 2022, aucune enquête n'avait été ouverte sur la base des déclarations de Jean-Luc Germani dans le dossier de l'hôpital d'Ajaccio, ni sur ses relations avec l'entrepreneur Patrick Brandizi. Tous deux doivent, donc, au moment de la parution de cet ouvrage, être considérés comme innocents des faits relatés au cours de cette surveillance.

Début 2022, le chantier du nouveau centre hospitalier n'était toujours pas achevé. La pandémie de la Covid et l'extension du projet de 38000 à 60000 mètres carrés ont allongé les délais. Le début du chantier, après une longue phase de dépollution du site, n'a été effectif qu'en 2016, quelques mois après l'enregistrement des échanges entre Germani et Orsoni aux Baumettes. Le budget total de la construction de l'hôpital, pris en charge par l'État, finira par dépasser les 130 millions d'euros.

Les marchés s'offrent aux voyous

La discussion entre Germani et Orsoni est une occasion pour échanger des informations. Elle est aussi traversée, de part en part, par une dimension « Discours de la méthode » que l'on ne retrouve dans aucun milieu criminel français. Parlant des marchés attribués par la collectivité territoriale de Corse et le conseil général de Haute-Corse, Germani s'exclame : « Et comment ! On va prendre des sous, tu es fou ou quoi ? [...] C'est pas des très gros marchés, mais c'est des marchés de 15-20 millions d'euros [...], c'est pas qu'ils soient très très gros, mais si tu les a tous, c'est des rentrées permanentes[1]... » Évoquant le rôle joué par Paul Giacobbi, à la tête du territoire entre 2010 et 2015, Jean-Luc Germani lâche, l'air dubitatif : « Il y a des courroies jusqu'à preuve du contraire[2]... »

1. Retranscription Germani/Orsoni, *op. cit.*
2. *Ibid.*

On n'en saura pas plus. Accusations toujours récusées par M. Giacobbi.

Avant de pouvoir éventuellement constituer des éléments d'enquête, ces propos, sans preuves formelles, illustrent tout d'abord l'idée que ces gros voyous se font d'eux-mêmes. Ce bavardage entre initiés permet d'apprécier au plus près la place prise, en trente ans, par le crime organisé sur l'île. Germani relate ainsi une discussion avec un policier lors d'une garde à vue. « Il me dit que si on va dans un bar et qu'on demande un café, on nous donne les clés du bar tellement qu'on parle de nous, mais même si on me les donne, moi, je les veux pas, il y a que des fatigués en Corse. Moi, ici, j'ai rien à part les grosses affaires de BTP[1]. »

Les voyous sont si incrustés dans la société corse qu'ils n'ont parfois aucun effort à fournir pour espérer prendre le contrôle en sous-main d'affaires publiques ou privées. On les leur apporte sur un plateau. Des personnes qui estiment que leur présence à leurs côtés leur permettra de gagner, ici, un marché, là, la présidence d'une institution consulaire, administrative ou un mandat politique. Jean-Luc Germani relate ainsi avoir été sollicité « par quelqu'un qui voulait prendre la Chambre [de commerce et d'industrie de Corse-du-Sud]. Moi j'ai dit, nous, on n'a pas envie de se mettre dans ces discussions-là, y aura pas que la discussion, il y aura des coups de fusils à distribuer, on n'a pas envie de rentrer là-dedans[2]. »

1. *Ibid.*
2. *Ibid.*

Faute de ce soutien, le candidat, un commerçant ayant pignon sur rue dans le vin à Ajaccio, décidera de ne pas tenter sa chance. Germani interroge néanmoins Guy Orsoni, originaire d'Ajaccio, sur « la capacité [du demandeur] à tenir la Chambre[1]. » Mais il ne poursuit pas. Il préfère s'intéresser aux liens privilégiés existant entre Orsoni et l'un de ses amis intimes, trésorier au sein de la même CCI. Il imagine à haute voix les profits qu'ils pourraient en tirer. « Ça rentre comme dans du beurre, là ! lance Germani. Si demain il y a des appels d'offres et tout, nous, on envoie nos gens à nous, et ça vous fait profiter à vous, ça nous fait profiter à nous, ça fait profiter tout le monde[2]. »

Main basse sur la Chambre

Si Germani évoque le risque « des coups de fusil », c'est que l'histoire de la CCI de Corse-du-Sud est jalonnée d'incidents judiciaires et de violence. Gilbert Casanova, nationaliste, gérant d'une concession automobile, membre du Mouvement pour l'autodétermination (MPA), est nommé président, en 1994. Visé par deux enquêtes financières qui le conduiront en prison, il démissionne en 2000. Raymond Ceccaldi, également proche du MPA, lui succède. Il est poursuivi en 2007 et condamné pour des faits d'escroquerie et de favoritisme. Placé en détention provisoire, il quitte la présidence. Enfin, Jacques Nacer, un

1. *Ibid.*
2. *Ibid.*

commerçant d'Ajaccio, qui prend la relève est élu en 2007. Réélu, il est tué le 14 novembre 2012 à la sortie de son magasin.

Un an après la discussion entre Germani et Orsoni, la justice a cru pouvoir mettre en lumière l'emprise mafieuse sur la CCI de Corse-du-Sud. Le 23 mars 2017, le parquet d'Ajaccio ouvre une enquête préliminaire pour extorsion, trois jours après la démission collective d'élus consulaires qui ont dénoncé au préfet de région les menaces proférées par trois voyous contre le directeur général. Pressé par les policiers d'indiquer qui serait derrière ce coup de force à la CCI, le président démissionnaire, Jean-André Miniconi, désigne «la mafia», précisant: «Je veux parler des personnes qui souhaitaient s'emparer de la Chambre[1].»

Convoqué à trois reprises, pendant quatre heures, M. Miniconi n'ira pas jusqu'à livrer les noms des auteurs des pressions. Il dit avoir exercé son premier mandat sans pression et considérait disposer d'un bilan qui l'autorisait à se représenter fin 2016. Des divergences sur la composition de sa liste avec Jean-Christophe Angelini, alors président de l'Agence régionale de développement économique (ADEC) et chef de file du mouvement autonomiste le Parti de la nation corse (PNC), amorcent cependant les hostilités au sein de la Chambre. La situation dégénère jusqu'à une réunion du bureau, le 7 mars 2017, plus houleuse que les autres, lorsque trois élus quittent brutalement la salle.

1. Synthèse de l'enquête préliminaire ouverte le 23 mars 2017 et close, le 25 octobre 2017, par un non-lieu.

Le lendemain en début d'après-midi, comme l'attestent les vidéos internes de la CCI consultées par la police, Paul Marcaggi, principal opposant au président sortant, est rejoint dans le hall par le directeur général de la Chambre. On voit les deux hommes sortir et se diriger vers une berline garée sur le parking. Pour la suite des événements, les policiers n'ont disposé que de renseignements. Le directeur aurait été conduit jusqu'au bar L'Aiglon, à l'entrée d'Ajaccio, où l'attendaient trois hommes qui lui ont fait comprendre par des menaces explicites qu'il devait quitter son poste sur le champ.

À son retour à la CCI, il informe son président qu'il s'est passé quelque chose de grave et qu'il compte démissionner. «Je lui ai dit de prendre trois jours pour réfléchir[1]», relate M. Miniconi. En vain. Cet événement conduit à la démission collective. Deux jours avant la remise de la liste des démissionnaires au préfet, le président de la CCI est pris, selon les policiers, d'une crise de panique alors que deux hommes entrent dans le restaurant dans lequel il se trouve. Les écoutes téléphoniques réalisées par la police rendent compte de la crainte des démissionnaires que l'on puisse les suspecter d'aider la justice. L'homme clé de l'affaire, le directeur général, dément devant les policiers toute pression[2].

1. Propos recueillis par l'auteur.

2. Fin avril 2017, Paul Marcaggi est nommé nouveau président de la Chambre par un bureau réduit. Sollicité par l'auteur, Jean-Christophe Angelini a rejeté toute idée «qu'il s'agirait d'un complot ourdi par le PNC pour reprendre la CCI». Il a ajouté qu'il «n'y avait pas de main invisible, ni de voyous, ni de parrain derrière cette affaire [...], j'aurais préféré qu'ils se mettent tous autour d'une table.»

Pour sa part, l'ex-président de la Chambre, M. Miniconi, réfute l'idée d'une reculade inspirée par la peur. « Nous ne sommes pas partis parce qu'on avait peur mais pour dénoncer des pratiques et pour montrer que l'on peut dire non aux pressions ; si l'État et les politiques de l'île ne se sont pas saisis de cette affaire, c'est que la société corse n'est pas encore prête[1]. » L'espoir de l'État de briser une loi du silence insulaire imposée par la violence a fait long feu. L'enquête est classée sans suite le 25 octobre 2017.

Techniques pour l'extorsion

La violence mafieuse est par définition très codifiée, de sorte que la force ne puisse s'exercer qu'en cas de nécessité et proportionnellement au but poursuivi, sans avoir à craindre la justice. C'est un art que tout criminel insulaire se doit de maîtriser pour espérer prospérer au sein de ce système organisé. C'est d'ailleurs l'un des sujets de discussion favoris de Jean-Luc Germani et Guy Orsoni lors de leurs longues palabres dans cette cellule sonorisée des Baumettes, à Marseille. Jouant les aînés expérimentés auprès d'Orsoni qui voudrait couper les vivres à ses ennemis, à Ajaccio – la bande du Petit Bar –, Germani se fait pédagogue : « Moi je te dis comment je procéderais si j'étais à ta place, dans un premier temps, essayer de faire un truc avec le casino, tu peux, mais discrètement[2]… »

1. Propos recueillis par l'auteur.
2. Retranscription Germani/Orsoni, *op. cit.*

Car, d'après Germani, il y a une méthode à respecter. « Il faut que ça sorte à la discussion, vous allez les voir, ils vont savoir pourquoi. Voilà, aujourd'hui, leurs amis, ils ont plus à toucher, si tu as une passerelle, c'est encore mieux. Par contre, ne faites pas ça à la rustique, y aller de force, c'est pas bon, vous explosez, hein... Vous montez le plus discrètement possible, un rendez-vous, stop. [...] Voilà, à partir de maintenant, vous mettez les sous de côté, on vous dira à qui il faut les mettre, et ne vous trompez pas, il vaut mieux[1]. »

Le jeune Orsoni écoute son aîné prédire la suite. « Tu vas voir que ça va leur faire mal, écoute-moi, ça, c'est une stratégie, y a un livre qui parle de ça... La guerre selon... » Germani hésite et prend le temps de fouiller sa mémoire. Guy Orsoni l'interrompt et veut terminer la phrase, « *L'Art de la guerre* de Sun Tzu, ou *Le Prince* de Machiavel, les deux sont géniaux, surtout *Le Prince*, très cynique et plus compliqué, que j'ai dû lire quatre ou cinq fois et Sun Tzu, trois ou quatre fois. Fais-toi-le acheter parce que ça vaut le coup[2]. »

Jean-Luc Germani ne reconnaît pas les titres suggérés par son acolyte et poursuit. « Non... Regarde si tu le trouves... Tu vas voir, y a des stratégies de guerre à un autre niveau[3]. » Les micros ne disent pas s'il a retrouvé le titre manquant. Mais il y a fortes chances qu'il pense à *De la guerre* de Clausewitz, un ouvrage qui définit « la guerre entre États comme la continuation de la politique selon d'autres

1. *Ibid.*
2. *Ibid.*
3. *Ibid.*

moyens». Sans s'en douter, les voix de deux figures centrales de la mafia corse venaient de confirmer, de la manière la plus académique qui soit, que le phénomène de violence organisée qui pèse sur l'île entend bien agir comme un État parallèle usant de stratégies et de doctrines très proches de celles de l'État légal.

Épilogue

Mafia corse

Que faut-il donc, en France, pour que l'on prenne la mesure de la gravité de l'emprise mafieuse en Corse et du préjudice subi par la société corse ? Si les autorités politiques françaises ont pour la première fois, fin 2012, attaché ce mot de mafia au crime organisé insulaire, après des épisodes sanglants touchant un avocat et un président de chambre de commerce, depuis c'est morne plaine. Faut-il un épisode sanglant, touchant cette fois-ci un représentant de l'État pour qu'il se réveille ?

On l'a vu en Géorgie et en Italie, il a été nécessaire que les États se mobilisent face à un pouvoir parallèle qui, en Sicile, avait décidé de l'attaquer frontalement, pour voir ces organisations mafieuses mises en difficulté. La mafia corse sait bien, elle, que si elle assassinait, comme l'ont fait des nationalistes corses, en 1998, un préfet de la République ou si elle s'en prenait à un magistrat ou à un policier, elle verrait comme jamais auparavant se mobiliser les pouvoirs publics. Elle s'est donc toujours bien gardée de franchir cette ligne rouge et optera toujours pour « une certaine discrétion » pour continuer à prospérer.

Pour l'heure, en dépit de quelques coups portés par la justice contre certaines de ses figures insulaires, la mafia ne semble pas en danger en Corse, malgré l'effectif des forces de l'ordre par rapport au nombre d'habitants, l'un des ratios les plus élevés de France. Cela ne signifie pas que l'État est aveugle. En son sein, certains magistrats, policiers, gendarmes, fonctionnaires de préfecture ou d'administrations territoriales dépensent sans compter leur énergie et leur expertise pour défendre l'intérêt général sur l'île. Mais tant que l'idée même de l'action de l'État en Corse reste alignée sur celle du droit commun et celle appliquée sur les autres territoires du pays, c'est l'organisation anti-mafieuse et donc son efficacité qui continueront à faire défaut.

« Il ne faut pas avoir peur des mots, insiste, pour sa part, Bruno Sturlèse, président de la Commission nationale de protection et de réinsertion des témoins, qui gère les repentis. Il existe une mafia en France, elle se trouve dans la région corso-marseillaise. Les autorités politiques françaises, dans leur grande majorité, refusent d'utiliser le terme. C'est un tort car, pour lutter efficacement contre un tel phénomène de violence, il faut d'abord le nommer correctement[1]. »

Contrairement à une image rassurante, communément admise y compris par certains au sein des forces de l'ordre, les parrains mafieux ne contribuent pas à réguler la violence d'une société. Les groupes criminels comme ceux

1. Propos recueillis par l'auteur, 28 avril 2021.

de la Brise de mer ou de Jean-Jé Colonna ont, en réalité, sapé en silence l'organisation sociale qui structurait la Corse jusqu'alors. Ils ont participé à la destruction du lien social et familial qui maintenait une certaine cohésion collective et pérennisait des repères identitaires, précipitant l'île vers le repli sur soi et l'individualisme. Aidés par la disparition du clanisme traditionnel et l'émergence du nationalisme en tant que force clandestine et politique, qui a occupé tous les esprits pendant plus de vingt ans, les voyous ont fini par prendre le pouvoir.

Car l'emprise mafieuse sur la Corse n'est pas définie par le seul exercice de la violence mais aussi par l'histoire de cette île, sa géographie et sa relation avec l'État français. Pour s'enraciner, la mafia corse a su jouer de la structuration sociale spécifique de cette société entourée d'une mer fermée habituée aux vents d'Afrique. Faute d'intérêt de l'État central, la population corse a pris pour habitude, au cours des siècles derniers, de survivre grâce à une solidarité familiale et locale. Les individus se construisaient et évoluaient à l'abri d'un fonctionnement clanique et d'entraide. À charge pour le chef de clan de redistribuer la richesse, l'emploi, etc. contre l'allégeance et le vote dans les urnes.

Tant que la Corse est restée à l'écart de la richesse nationale, le grand banditisme corse, qui occupait les premiers rangs de la criminalité nationale, s'est tenu éloigné de son île natale. Les Trente Glorieuses ont, en effet, peu touché ce bout de territoire pourtant français. Cette île, son économie et sa démocratie ont été sciemment abandonnées par Paris aux mains des chefs de clans. La Corse conserve, à ce titre, certaines caractéristiques des pays pauvres : classe moyenne très réduite par rapport au continent, majorité de faibles revenus et une minorité de très riches.

La mafia est née en Corse avec la décentralisation, la Brise de mer et Jean-Jé Colonna. C'est au moment même où la richesse était enfin redistribuée vers l'île, au début des années 1980, que les voyous corses qui tenaient le haut du pavé à Marseille ou à Paris ont décidé de rentrer au pays et de s'y installer. Le crime organisé insulaire a su revêtir les habits de ces chefs de clans, pourvoyeurs de richesses et d'emplois. Sauf qu'ils faisaient plier les volontés au moyen de la menace, de l'argent sale et, au besoin, de leurs armes. Ils ont peu à peu gangrené le tissu social, fait élire des maires, des chefs de collectivités et prélevé leur part sur la richesse publique ou privée.

De même, le mafieux corse a su utiliser à son avantage un fort sentiment identitaire insulaire pour tenir la justice à distance. Il a su se fondre, voire s'abriter, derrière cette spécificité corse, qui conserve encore des traces de règles ancestrales de solidarité vis-à-vis de l'extérieur. Les voyous corses ne craignent plus l'envahisseur espagnol, génois ou français, mais simplement la loi. De même, les passerelles entre banditisme et nationalisme ont été mises à profit pour brouiller les pistes et multiplier les moyens d'extorquer l'économie corse.

Le système est subtil. Les mafieux corses sont devenus des personnages quasi publics. Ils pèsent lourdement sur la société. Ils l'étouffent. Ils n'apparaissent au premier rang qu'en cas d'urgence ou de problème à régler. Autrement, ils préfèrent agir par le biais d'intermédiaires. Mais pour que la peur fonctionne, il faut que la communauté sache qu'ils sont « derrière ». Ils se doivent donc d'être visibles. À la différence des membres d'un réseau criminel classique, le mafieux ne vit pas au ban de la société, il la vampirise.

Remerciements

On doit toujours quelque chose à quelqu'un. Le dire, ce n'est pas juste faire montre de gratitude, c'est aussi se faire du bien à soi. Ce travail sur la Corse a commencé il y a des années. Aux premiers jours de janvier 1996, je posais, pour la première fois, les pieds sur cette île. A l'époque je travaillais pour *Le Canard enchaîné* et sa publication trimestrielle, *Les Dossiers du Canard*. La culture et l'esprit du palmipède m'ont marqué durablement. En son sein, Brigitte Rossigneux, Louis-Marie Horeau, Nicolas Brimo et Michel Gaillard ont jeté un regard bienveillant sur des premiers pas toujours un peu hésitants. Ils ont ma fidélité.

Puis vint *Le Monde*, mon journal depuis plus d'un quart de siècle. Je lui dois plus qu'il ne me doit, je le vois ainsi. Il m'a fait découvrir le monde, mieux comprendre la société française et plonger dans le dossier corse au soir du 6 février 1998, à la mort du préfet Claude Érignac, tout juste assassiné à Ajaccio. Depuis, j'essaie de lever une part du voile de mystère qui recouvre ce territoire, en prenant toujours le parti de sa population et de la démocratie contre la violence et la terreur. Non par l'incantation mais par l'information, pour nourrir le débat public.

Même si j'ai toujours considéré que ma tâche s'arrêtait au moment de la publication de mes articles ou de mes ouvrages, j'ai néanmoins conscience d'avoir aussi contracté une forme de dette vis-à-vis des lecteurs, notamment en Corse, qui ont bien voulu faire leur le fruit de mon travail au cours de ces années. Ils verront, je l'espère, que j'ai gagné, au fil des ans, en précision et en finesse d'analyse. Ce dernier opus marque, à sa manière, la poursuite de cette évolution.

Enfin, je me dois de remercier mon éditrice, Sophie Charnavel, pour sa patience qui n'a d'égale que sa détermination, ce qui fait un savoureux mélange de liberté.

Table

La photocomposition de cet ouvrage
a été réalisée par
GRAPHIC HAINAUT
30, rue Pierre-Mathieu
59410 Anzin

Imprimé en France par CPI
en août 2022

N° d'édition : 64726/09
N° d'impression : 171519